大展好書 好書大展

大展好書 好書大展

•校園系列•
2

應考的訣竅

多湖輝著；陳秀甘譯

大展出版社有限公司

前　言

各位考生，好久不見！早在你們父母還是考生的時代，筆者曾經以寫「輕鬆讀書術」這本書為開端，連續寫了許多有關讀書要領的書籍，希望能幫助大家順利踏上考取之道。現在，再出這本書，更由衷地盼望能造福更多的考生。

有人認為目前的聯考與以往大不相同，其實沒有那回事。競爭激烈的聯考一直沒有變，即使是在筆者當考生的時代也是一樣。而稍後有些改變的是，考試的問題，最近，難解、偏僻冷門的問題有顯著的減少，大多以基本概念為主，所以考題似乎比以前簡單。但有一點是永遠不變的——為了贏得聯考，就必需具備「應考的訣竅」、「考取的技巧」等知識。

觀察考取與落榜學生的讀書情況，可以發現到他們的讀書時間、讀書量沒有顯著的差異，甚至頭腦的好壞也差不多。要言之，關鍵是出在於他們是否懂得提高讀書效率、掌握讀書要領拿取高分的訣竅。知道在考試把實力完全發揮出來的技巧的話，所得到的結果，當然有很大的差別囉！

拚命K書、模擬考總是名列前茅的人，聯考時並不一定會考上第一志願，甚至連最後的志願也達不到。而看起來不太愛唸書的人，卻意外地榜上有名，常常有不少這類的例子發生。對於這種情形，大家都會認為是「運氣」、「僥倖」罷了。其實根本不是這麼一回事。輕鬆考上學校的人，大多知道應考的訣竅，且努力實踐。

例如，落榜的人，一遍又一遍地複習教科書全體；而考取的人，則懂得考前猜題的技巧，把重點集中在有可能出現考題的部分。正式考試時，落榜的人打算把所有的考題全部作完，所以這兒作一點、那兒作一點；而考取的人，能夠很快分辨出容易拿分、不容易拿分的考題，而確實掌握可得分的部分。

筆者在千葉大學任教時，每年均擔任入學考試的監考、閱卷人員，而以考場當時的情形來看，考取與落榜的人也有很明顯的差別。在考場裡，大家同樣都非常緊張，但是其中有的考生看起來恐懼不安、戰戰兢兢，一副考不上的樣子；有的考生則可以很高明地使自己放鬆心情、從容不迫地作答。

閱卷時也有很明顯的差別，例如，申論式的問題，有的答案一目了然，大有考取的希望；而有的答案寫得滿滿的，但是抓不到要領，讓閱卷人摸不著頭緒。其關鍵也是繫於知不知道應考的訣竅。所以，只要知道應考的訣竅，你應該也可以在正式考試時拿到很好的成績。

也許有人對筆者的說法產生懷疑也說不定。但是筆者在所任教的千葉大學、其他的大學裡，聽考進來的考生談起他們的高中時代，可以確定一點：他們在高中時代都不是特別優秀的學生，而且唸書所花的時間也比別人少，幾乎都是在正式考試時把實力充分發揮出來，而順利考上大學的。這些知道考試技巧的學生，由於懂得處理知識、資訊的方法，所以即使以後邁入社會也會受到周遭的認同，活躍於社會的舞台。

因此，千萬別認為自己不行，而自暴自棄。只要知道其訣竅，勇往直前，仍然大有轉機。本書將詳細說明應考的各種技巧，供各位考生參考，希望對大家能有所貢獻。

一九九三年一月十五日

多湖　輝

目錄

應考的訣竅①

想在考試時充分發揮實力就必需知其訣竅

——考試之勝敗，並非靠鬥志，而是取決於準備時的技巧

延長讀書時間、滿懷的鬥志，仍然無法順利考取

首先，介紹一封曾經也是位考生所寫來的信！

「十年前，我是個考生時，每天除了唸書之外，還是唸書，有如商場的鬥士般，拚命地往前衝，毫不鬆懈！當時我是以考取某所國立大學為奮鬥的目標，為了達到此目標，不容許自己有星期天、假日等空檔時間。星期一到星期六，放學回到家之後，又開始挑燈夜戰，一直唸到半夜一點過後，才肯休息。吃飯的時間，頂多花二十分鐘；喜歡的電視節目，也放棄不看了；甚至連洗澡都覺得浪費時間，所以，有時也把洗澡的時間挪來唸書。每天早上六點起床，然後到學校上早自習的補課；星期六下午到補習班補習；星期日則參加模擬考試。的的確確沒有一絲一毫的鬆懈！

如此拚命地K書，結果竟然慘遭滑鐵盧。沒有考取理想中的國立大學，只考上私立大學。更慘的是，與我競爭該所國立大學的那位同學，常常看電視、偶爾也翹課，但他卻考上了，而每天拚命K書的我，竟然一敗塗地。

當時，我責怪自己努力不夠，另一方面也安慰自己：那位考取的同學，只不過是運氣比我好一點罷了！然而，直到有一天在某家書店買回一本書之後，才完全改變我當時的想法。

那本書即是，老師的『輕鬆讀書術』。看完此書，才恍然大悟，原來自己的落榜並不是努力不夠，而是準備的方法錯誤！考取的那位同學，也許他知道應考的訣竅也說不定！十年前、還是考生的我，若能看到老師所寫的這些應考的書，也許……唉！真可惜！現在好想再重新當一次考生！」

即使到現在，和這位來信的朋友一樣，準備考試的方法錯誤的情形，相信仍然不少。長期坐在書桌前猛K書，卻無法使成績好轉；一想到國、英、數、理化……，即很難專心唸書，你是否也陷於這樣的困擾之中呢？

果真這樣的話，再如何高唱「全神貫注」、「毅力、鬥志」、「每天都是戰場」等精神論而拚命唸書，也是無法得到預期的效果。事實上，錯誤的讀書方法，在正式考試時，根本不能充分發揮實力。

想順利考取的話，就得如同先前那封信所寫的，應有再重新當一次考生的決心。

考取理想的學校，其必備的條件究竟為何？概括地說，並不需要放棄你想做的事、熬夜苦讀，而是學會如何在考試時，有效率地運用求得之知識的技術。進而在正式考試時，能掌握自己的情緒，而發揮十二分的實力。

註：『輕鬆讀書術』改版後由本社取得中文版權，中文書名為『輕鬆讀書贏得聯考』，歡迎讀者洽購。

我的「應考的訣竅」，是從嚴謹的補習生活至考取之前的準備過程中，所得到的領悟

還是那句老話，考試之苦筆者也嚐過。在舊制的國中時代，筆者一年之內曠課的日數達七十天，可說是名符其實的劣等生，學校的成績也是一塌糊塗！當時總覺得：為考試而唸書，實在毫無意義。結果，高中聯考在意料之中，落榜了！只好走入重考一途。

接著說明的是，筆者當時的舊制高中，其第一高級中學，相當於現在的東京大學，所以，當時高中聯考之困難，就有如現今的大學聯考一般。

因此，雖然只重考一年，但所受之苦卻令人畢生難忘！

當時，各所學校均有其制服、帽子。只要看學生的穿著，即可知道就讀的學校。考上名列前矛的學校的同學，穿著制服、八面威風回到母校。而重考生也是戴著一看即知身分的帽子，相較之下，不由得使重考生產生屈辱、自卑之感。

除了精神上所受的痛苦之外，考試競爭之激烈，也是相當地折磨人。大家也許會認為，以前的人都非常悠閒、自在，而沒有考試等壓力之煩惱。其實，根本不是這麼一回事！當時不管是高中或大學聯考，考試競爭之激烈，與現在相較起來，可以說有過之而無不及。曾有

人為了高中聯考，而當了十年的重考生……。總之，考試之夢魘，依然深植在過去、現今每位考生的心中。

在考試競爭激烈的時代，雖然筆者曾以劣等生、重考生而受到他人的輕視，不過，值得慶幸的是，在那段期間遇到好的老師及朋友。在民主、開朗的環境，師長、朋友的潛移默化之下，我開始認真考慮：如何輕鬆考上大學的問題。並不要求非得名列前矛，只要能輕鬆考取，即使是最後一名也無妨。我一直思索這方面的問題，因而編出一套應考的技巧。

有了這一套應考技巧之後，使我的信心大增。第二年放榜的當天，我已悄悄準備好第一志願的學校的制服。

然而，筆者受益最多的莫過於，在重考時期培養出的自信，這份自信對「考試」已是游刃有餘。面對考試，並不需要拚命苦讀，而是把它當作和自己競賽的一個大好機會，改變對考試的看法之後，便能冷靜地面對了。漸漸地，對自己準備考試的技巧，就變得愈來愈具信心。

考試致勝的關鍵並非靠精神論，而是技巧上的問題

看完剛才那封信，是先浮現腦海的是，筆者重考時代的情形。尤其再觀看現今重考生的

現象，更覺得非正視之不可！

在筆者看來，考生大致可分為兩種類型——一是「反正自己的程度就是這樣！」打從一開始就放棄的類型；另一種是先前那封信的描述的，拚命K書型。然而，不管那一類型的人，不僅嚐不到考取第一志願的喜悅，而且對自己也喪失了信心。

這樣的人，即使上了大學也會覺得自己不如其他的大學生，進而影響到將來的就業。而且即使他們的大學生活看起來似乎過得相當愉快，其實，根本無法發揮其能力。有鑑於此，筆者現在即以自己通過考試的技巧為中心，來說明考取的訣竅。

筆者認為考試是一項技術。再如何具有實力的人，因為無法充分發揮實力，而遭致落榜的命運，諸如此類的例子在我們的周遭屢見不鮮。相反地，由於得其要領，而能夠發揮超乎實力的能力，且順利考取的例子也不少。其差別究竟出在哪兒呢？

筆者在重考期間，也曾經認真思考其間的差別，所得到的結論仍舊是——考試必需有技巧。因此我對那些輕鬆、順利考取的考生進行訪問，詢問他們可否有應考的訣竅！另一方面也閱讀有關出題者心理的書籍。總而言之，一直針對如何提高分數方面下功夫。

結果使我更加確信考試必需有其技巧；考取與否完全取決於是否知道其訣竅。事實上，即使具有相當實力的人，若沒有掌握出題人員的考題方式，而不知該如何好好作答的話，再多考幾次，依然是落榜的命運！

另外，考試時過度緊張，也是無法發揮實力的一大原因。考試時陷於周遭的緊張氣氛之中，便會粗心大意而犯了不該犯的錯誤，或者應該會的題目，卻怎麼也想不出其答案。所以克服緊張的心理，也是屬於考試技巧的範圍。

考前猜題，也是相當不錯的讀書方法

以前為考生寫書時，我收集了許多以考生為對象的書籍來閱讀，結果發現大多數的書籍都標榜只要有恆心、毅力；也就是所謂的精神論，即可克服考試的難關。然而，果真如此就可以克服的話，那麼誰也不會有考試的煩惱了。事實上，最重要的並非是鼓勵、精神論，而是培養控制心理的技巧——如何激發幹勁、如何排除內心的劣等感、不安感等。

預防因粗心大意而造成錯誤、一時想不出答案等，也需要靠技巧。只是小心謹慎、努力唸書，仍然無法防止這些情況的發生。

而且這次為了寫此書，又再一次閱讀了不少準備考試的書籍，和以前所閱讀的比較起來，其中以細分科目的方式來敍述考試的技巧最引人注目。這些書強調「輕鬆準備、效果加倍」，但是看其內容，才知道仍然是鼓勵考生從頭到尾反覆唸書而已。

然而，唸書也和考試一樣，是有其技巧的，若方法不對，你的苦苦往往就白費了。

實際上，為考試而唸書時，考前猜題的讀書方法，可增加錄取的機會。本來，聯考的考題，以能兼顧到每本教科書的每一章節的出題方式最為理想，但受限於考試時間，所以不可能每本教科書的每一章節均有考題出現。這麼一來，自然就會限定出題的範圍。若能事先預測出題範圍，且專攻此一範圍的話，不僅勝過和自己程度相當的競爭對手，而且和從頭到尾反覆唸書的優等生比較起來，也是居於有利的地位，因為從頭到尾反覆唸的話，一定會有唸得不夠深入的部分，而此部分極可能是出題的重點所在。

如以上所說明的，考前猜題的讀書法，是相當有效率的方法。這樣的說法，也許有人會認為只不過像賭博般碰運氣碰運氣罷了，而打從心裡瞧不起這種作法。不過，這樣的見解未免過於武斷。有實力的人，當然會了解出題的方向，自然能正確地作考前的猜題。而能正確地作考前猜題，對考生而言，豈不是一大樂事。

不知道應考的訣竅，很難考取理想中的學校

不管怎麼說，以曾經歷過考試之痛苦，且又當過考試官的我，來看現今的考生，對於他們不知道應考之技巧的情況不禁感到痛心。

例如，不少考生不懂得分析過去考題的方向；不知道「知己知彼，百戰百勝」的道理，

只知道拚命唸書，結果唸了一堆無用的東西，而浪費了許多寶貴的時間。

另外，有的考生考前懶得先去看考場，結果考試當天弄錯考場，引起精神上的緊張、混亂，因而導致考試失敗的情況也不少。這種情形真叫人欲哭無淚。

聯考，不管是對於考生、各所學校而言，都是相當嚴肅的大事。考取與否，即使只有一點點之差，卻有天壤之別。甚至因這一點點之差，而使兩者的人生有巨大的轉變也說不定！想到這兒，沒考取的人，或差點上榜的人，想必無論如何也要學會考試的技巧吧！

筆者對於目前的考試制度仍抱著懷疑的態度。尤其以一次考試決定「生死」的作法，並不能完全測驗出考生的能力。然而，儘管有關考試的議論紛紛，但大家仍然得突破它、正視它的重要性。

與其在那兒抱怨、議論，倒不如克服它、考個理想的學校來得實際些。

此書根據筆者的親身經歷、朋友以及教學的經驗，且以心理學的各種原則為著眼點而寫成的應考訣竅，希望能對各位讀者有很大的助益。

應考的訣竅②

正式考試時發揮百分之一百二十實力的方法

從扭轉緊張、不安之情緒，至壓倒競爭對手之心理戰術

1 一定得由正門進入考場，如此可振奮精神

記得我上舊制的高中時，高中生之間有一種觀念，稱為「正門主義」，也就是說，不管學校有其他的近路或側門，考試時一定得由正門進入。當時的觀念，對於現今的大學、高中而言，仍具有權威性，且受到大家的重視！縱使是陳舊的建築物，其正門大都立有大時鐘等，此即為考生的憧憬所繫。因此，考生堂堂正正從正門進入時，似乎也意味著可光明正大地考取，而不需要走「旁門左道」。

例如，當時有一所有名的補習學校的學生，在考試的當天，個個都像是已經考取大學的高中生，威風八面、精神抖擻，從正門一個接著一個進入考場。光是看到這樣的氣勢，恐怕其他考生的信心會因而大減吧！

現代的考生未必要以這樣的氣勢來壓倒其他的考生，不過，「正門主義」似乎真的可使當天你的精神飽滿，如此才能夠把實力完全發揮出來。抬頭仰望正門立著的大時鐘，可使你昂首闊步進入考場，如此似乎也意味著將可抬頭挺胸邁入理想中的學校。如此自我暗示之後，進入考場時當然可發揮百分之一百二十的實力。

2 考試當天穿著新衣服，反而會得到反效果

某本考試雜誌曾這樣寫道：有位考生為了進京考試，生平第一次穿皮鞋，不小心把皮鞋磨傷了，結果在考試進行時仍忍不住要注意皮鞋，而無法專心考試！這雖然是一個古老的笑話，但是在考試當天穿著平常極少穿的衣服，考試時免不了會去注意它，而無法集中注意力在考試上！至現今當然還有這樣的例子。

所以考試當天最好穿著平常已穿慣的衣服、鞋子，如此不僅可消除內心的緊張、穩定情緒，且可防止粗心大意造成錯誤！

3 考試當天儘量避開不習慣的事物

我所認識的考生中，有人在考試當天早上為了補充體力，因而吃下平常不習慣吃的蛋及牛奶，結果一直拉肚子，最後只好放棄繼續考試……。拉肚子的原因，不知道是因為牛奶，還是過度緊張所引起，不過，攝取平常不習慣吃的食物，只會增加考試時的緊張程度，對考試總是沒有好處的。

另外，常常有考生在考試的前夜唸得特別晚，其實這樣只會造成考試時的緊張情緒，所以儘量以平常心來面對它，如此也是消除緊張的好方法。總之，考試時必需儘量避開不習慣的事物。

4 考試當天的早晨，一醒來立刻掀開棉被起床，且親手拉開窗帘

一日之計在於晨。一早起床就覺得不愉快、身體的情況不佳，這麽一來，整天大概都不會有好心情了。相反地，早上起床就像見到漂亮的女孩子般，心情相當愉快，那麽當天即使有煩人的課業，也會隨著早晨的好心情而全神投入，如此一天下來，當然會有極豐碩的收穫。

想在考場精神飽滿的話，首先就從早上醒來那一刻做起吧！早上睜開眼睛時就下定決心：「就是今天，今天一定考取！」下決心的同時，一定會有具體的動作，即是掀開棉被、跳下床來，這是屬於「象徵性行動」的一種。以一種行動來表示自己的決心時，信念、幹勁也就會隨之不易動搖。相反地，早上起床時仍賴在床上，翻來覆去，心想：「起床？還是再睡一會兒？」這麽一來，進入考場時就很難精神飽滿地應考了。

想提高士氣，另外還有一種方法，即是掀開棉被、跳下床之後，親手打開窗帘。當天醒來時縱使覺得極度不安，也要親手打開窗帘，深深地把清新的空氣吸入胸中，好讓身體接受朝陽的洗禮。打開窗帘的動作，可以使你有「今天就此打開自己的運氣」的感覺，進而忍不住對自己說：「加油！」

5 考試當天以設定播放自己喜歡的歌曲來代替鬧鐘

電影中常常反覆出現這樣的畫面：演員邊聽音樂、邊鼓勵鏡中的自己。有節奏的音樂，可以使人充滿活力、增加自信。

而當人類的心情處於活潑、興奮的狀態時，可促進心臟、血管、內分泌腺等的運作，自然而然就會有節奏地活動身體。

因此考試當天選一首可以振奮情緒的歌曲來代替鬧鐘，這種作法可以使你充滿自信走入考場。不妨在考試的前夜預先把歌曲設定好吧！

考試當天的早晨，只要把周遭的環境如此稍加佈置，即可以使你的心獲得舒暢的刺激，如此一來就可提高心裡面的能源，而得到振奮情緒的效果。

6 准考證上應貼笑容滿面的照片

有一次，一位不相認的考生來找我。她看起來非常虛弱，只耽心即將來臨的聯考，所以心臟噗通噗通急速地跳著，當然可以看出她的心情正處於極度低潮的狀態，因而她來問我如何才能消除內心的緊張、不安。

我沒有特別的辦法，只是拍拍她的肩告訴她：「再怎麼耽心也是沒用的！不妨回去照一張笑容滿面的照片貼在准考證上吧！」她聽了之後似乎心裡的迷霧全散了，而高高興興地回家了。

態度嚴謹的她，果真照了一張笑容滿面的照片貼在准考證上。考試結束之後她又來找我，但這次她的態度完全不同，表情看起來是如此地開朗、明亮。「不知是否考得上，不過我依照您所說的，把一張自動電話滿面的照片貼在准考證上，結果心情意外地平靜，而能從容不迫地把試考完，真是太感謝您了！」

沒想到我一時想起的建議，竟能對考生的心理造成如此大的影響，連我自己也感到相當意外！

面對自己微笑的照片，結果就好像面對鏡中的自己微笑一般，而達到消除緊張的效果。

7 考試當天的樣子儘量接近准考證上的照片

考場內檢查准考證時，有些考生被懷疑是槍手，這樣的事件時有耳聞。監考官之所以會問個不休，實在是准考證上所貼的照片和本人大有出入的緣故。例如，照片上的人沒戴眼鏡，而考場的本人卻戴著眼鏡，因此看起來似乎不大相像。的確，光是一副眼鏡，就可以使人的臉部產生不小的差異。

另外，女孩子更會因為髮型的改變，而給人完全不同的印象。曾經有高中女生因髮型的改變，而在考場引起一些不必要的麻煩。

她的准考證上的照片——頭髮長及肩，但大概是因為會披下來遮住臉而影響到唸書，所以在考試之前把頭髮剪短。這樣的轉變引起監考官的懷疑，最後演變成要各位考生來幫忙辨認是否為本人的大問題。

像罪犯在大家的面前受審問般，對她當然造成極大的傷害。後來誤會雖然澄清了，但是她總覺得大家的視線仍集中在她身上，使她渾身不自在而無法專心做答。

因為這種無聊的事件影響到心理，而無法充分發揮實力，豈不太冤枉了嗎？所以准考證上的照片儘量不要與本人有太大的差距才好。

8 當天早晨和家人猜猜謎語，也有助於頭腦的反應

電視上表演單口相聲者常常這樣說：「平常和朋友猜猜謎題是件有益的事喔！因為它可以促進頭腦的反應速度。」

這句話所說的「促進頭腦的反應速度」是指增進聯想力。正如大家所知道的，謎語是需要由一件事聯想到另一件事，所以當然有助於頭腦的反應速度。

尤其是考試當天的早晨，為了使睡過一覺的頭腦清醒過來，考生不妨與家人猜猜謎語，如此不僅可以充分地運轉頭腦，而且心情也會隨之變得開朗舒暢，另外也能夠消除內心不安的情緒。

但不需講一些特別難理解的謎題，只要早餐家人一起進餐時，隨興輪流提出謎題即可。不管是出謎題或解謎都必需運用到思考力，因此可以達到運轉頭腦的效果。它確實是項很好的頭腦體操。

9 走向考場時，應抬頭挺胸、加快腳步

不知大家是否知道已故的象棋大師——大山康晴先生。大山先生生前有一段期間突然病倒了，但又奇蹟似地急速恢復體力。他跳脫生病的低潮的方法，即是加快走路的速度。

這樣做除了有助於體力的恢復之外，另外應該還包含一項更重大的意義。也就是說，藉由加速腳步走路，持續這樣的活潑動作，可以克服心中的低潮，而產生一股新的活力。

人類興緻勃勃、幹勁十足時，身體自然會變得輕盈，動作也會隨之敏捷、俐落。相反地，心情低迷時，動作也會隨之遲鈍，整個人就變得笨拙、呆板。總之，其意義在說明精神的反映表現在肉體上。

以相反的方向來說明其關係仍然可以成立，所以不管精神狀態多麼差，只要打直腰桿、加快速腳步，藉由肉體這樣的行動，不僅可以使低落的精神狀態活躍起來，而且為了達到現實的目的，也會產生積極、上進的力量。

因此，走向考場時縱使沒有自信，也要抬頭挺胸、大步邁開腳步！走到考場時，想必已有自信面對考試了。

10 只要注意不搭電梯到考場，即可產生自信

大家常說的一句話：健康的身體與健康的心理是一體兩面不可分割的。在考場無法充分

發揮實力的人，有不少人是由於身體虛弱、疲憊不堪等因素所導致的！

肉體的能量不足時，情緒往往也會低落不起，因而連付諸行動的力量也變得相當微弱，結果就無法避免考試失敗的命運！因此，若你是屬於上述類型的人，應考慮一下進入考場之前調整身心的方法。

話雖如此說，但並不需要消耗過多的體力。只要想想如何在考試當天稍微運動一下身體。

例如，從車站到考場，不要搭公車試著走路過去，或者上樓時不要搭電梯、走走樓梯等，這樣就足夠了。

只要試著做其中的一項，即有益於考試的進行。稍微運動身體，不僅可以調整身體的情況，也可以振奮精神、專心致力於考試。

當然這樣的運動並不限於考試當天，平常多利用爬階梯、走路的機會，必可因此萌生努力唸書的情緒。

而且養成習慣之後，除了可以用功準備考試之外，更重要的是，也能夠就此培養出「體力」來！

11 在考場，即使是刻意的也沒關係，就是要表現出爽朗、愉快的態度

曾經有人這麼說：「人類在悲傷時是不哭泣的；而哭泣則會帶來悲傷。」的確人類的感情深受動作、態度所左右。

套用前面那句話，「考生感到不安時，不會驚慌失措；而驚慌失措會帶來不安」。因此在考場為了避免引起緊張情緒，考生有意識地表現出爽朗、愉快的態度，不失為一個好方法。

如此一來，就能漸漸達到穩定情緒的效果，而以真正開朗的心情去面對考試。

12 到考場所準備的東西應盡量齊全

一旦到考場，除了重要的考試之外，還得為其他的雜務傷腦筋的話，對考試會造成不利的影響。為了不要影響到情緒，考試當天「能」用到的東西，盡量準備齊全。在確認沒有任何遺漏之後，心情才能完全穩定下來。

為了避免任何遺漏，可以事先製作一張檢查一覽表，然後在前一天作一次總檢查。文具用品、准考證當然不用說，另外也要記得帶雨具，根據以往的經驗，大家都知道氣象報告往往不是十分準確，所以為了免去無妄之災，還是不厭其煩地帶著雨具吧！

曾經有考生因淋雨而病倒的例子，所以不得不預防。還有身上應準備足夠的零錢搭公車，或計程車，以免遲到而耽誤到考試。

另外還有這樣的例子：有考生耽心考試遲到，到站時匆忙跳下公車，卻不小心扭傷了腳。腳受傷了，對考試當然也會造成不小的影響……。

總之，考試前一天就應該把要帶的東西準備齊全，且重新做一次仔細的檢查，考試當天才不會手忙腳亂，影響情緒。

13 盡量提早進入考場，以調整備戰的姿態

「先發制人」之諺語，用在臨場的考試十分貼切。早點進入考場才能確實了解考場的氣氛、寬狹、明暗等情況，或者先看看桌子是否搖晃不穩……等等，先掌握周遭的環境之後，如有任何問題，才可儘早做妥善的處理。總之，早點進入考場，將一切準備就緒之後，才能好好調適自己以「應戰」。

而且，比其他的考生先進入考場，內心就會不由得產生一份優越感，如此一來，即可將實力從容不迫地完全發揮出來。

14 進入考場之後，先走到前面環顧一下其他的考生

參加模擬考試，若四周坐著不認識的人，心裡頭難免會怦怦地跳個不停，總覺得別人似乎在注意自己，因而無法專心考試。

儘管這只是自己的感覺，但就是會去在意他人的視線……。

為了消除這種畏首畏尾的心態，向各位介紹一下其方法！

他的考生。

首先，進入考場之後，縱使自己的座位是最後一個，也要走到前面，然後再環顧一下其他的考生。

最初也許會覺得大家都在看自己，不過再仔細看清楚的話，可以發現到幾乎所有的人不是和朋友聊天，就是打開參考書埋頭苦讀，所以沒有人會去注意到自己的！了解這種情況之後，再慢慢地回到自己的座位。

這時候想必已經不會再覺得大家都在注意自己。

不僅是聯考當天，其他的模擬考試，也不妨試試這種方法。模擬考試時，除了進入考場可以按照上述的方法進行之外，考試之間的休息時間也可以進行，這是訓練自己的大好機會，所以務必試著做看看！

15 考試當天，身上配帶點高級的東西，可以增加自信

大部分的人到一流的飯店時，都會穿著壓箱裡唯一最好的西裝。雖然沒有特別的規定，不過場所既然是一流的飯店，自然而然就會注意到穿著的得體與否。來到這兒的人之所以會有這樣的想法，主要的關鍵是在於「一流的飯店」。

而且穿著高級的西裝，也有其他的有利之點。為了不讓一流飯店的氣勢給壓過去，高級

的西裝就成為「心理的武裝」。所以不要認為穿著西裝只是外表光鮮亮麗而已，其實它還可成為心理的武裝呢！

更進一步來說，高級的西裝可以強調自我的存在，而和一流的飯店形成對等的關係。

對考生而言，第一次進入考場時，其周遭氣氛給人的感受就好像進入一流的飯店一般，心裡也許會這麼想：「像我這樣的人也來到這種地方，實在非常不相稱……」，因而感到坐立不安。為了排除內心的不安，考試當天的確有必要「武裝」一下。

因此只要能夠膨脹自我、增加自信的東西，都是考試當天武裝自己的最佳選擇。例如，手上戴著高級的名錶，這麼一來應該可以增加自信，而沈著面對考試了。

16 監考官只不過是自己僱用的人員，這麼想的話就不會有壓迫感

有不少考生總覺得監考官相當可怕，而對自己造成不小的壓迫感。其實是有方法可以推翻監考官對心理造成的壓力，那就是把監考官想成只不過是自己僱用的人員而已。

原來是監考官的我，怎會說這樣的話？也許有人會覺得奇怪也說不定！不過我也曾經當過考生，以考生的立場來考慮的話，這樣想確實有助於調整自己的心態。因此，對於監考官有恐懼感的人，不妨試試這種方法！

事實上，這也並不是沒有道理，因為不管以前或現在的考生都必需先繳報名費。國立大學的話，各項建築物、監考官的薪水等，都是由納稅的公民所支付；私立大學的話，則各種經費有一部分是來自於學生的學費。

因此，如果監考官會給你帶來壓力的話，不妨這樣想：「沒什麼嘛！監考官只不過是我繳報名費所僱用的人員罷了！」或者輕鬆地麻煩他們：「老師，請問現在幾點？」、「我的橡皮擦掉了……」。這麼一來，自然會覺得監考官也是人，根本沒有什麼好怕的，而內心那份壓迫感也會隨之消失無蹤。心情當然會因此穩定不少。

17 找出監考官的缺點之後，具有穩定情緒的效果

芥川龍之介的小說中曾這樣說：「假如看到那女孩的排泄物的話，想必就不會再迷戀她了吧！」同理，找出可怕的對方和自己有相同的地方時，就會覺得對方也是人，而沒什麼好怕的。

在考場情緒無法穩定下來時，不妨利用人性心理的這種傾向。面對嚴肅的監考官，不妨觀察一下他們的外觀「是朝天鼻喔」、「哇！是個大美人呢！」……等等。尤其找出他們的缺點時，對於緊張感的消除，更具有絕對的效果！

18 觀察其他考生認真的表情，可以消除怯場的心理

某位運動選手的領隊曾如此說：「選手在比賽前緊張不已的話，不妨帶他們去控制室，仔細觀察其他競爭對手的一舉一動。」的確，相撲、拳擊比賽之前，在那股令人摒息的緊張氣氛中，常常有選手一動也不動地注視著對方。根據這位領隊的說法，這樣做可以迅速知道對方的心態，比賽時才能冷靜地進入狀況，以便沈著應戰。

該方法應該也適用於考場吧！當然考場上並不像相撲、拳擊比賽般面對面撕殺，不過也是一種有人考取、有人落榜的「戰場」。因此，在這樣的「戰場」中，不妨仔細觀察「敵人」——其他考生的表情、態度。

想必一定有忐忑不安、緊張不已的人；也有又蹦又跳、坐不住的人；也可以發現有人正閉目沈思；或者看起來心情非常平靜的人……，像這樣觀察一番，就可以把內心的壓力看出！

總之，如果你能夠窺視到他人的內心層面的話，相對地，你就可以排除緊張，使內心得到平靜。

19 在考場若在意其他考生的裝腔作勢，就無法發揮實力

考試中只聽到振筆疾書的聲音，如此寂靜的考場，一到休息時間，又有一番截然不同的景象。因為，大家的緊張感突然鬆弛下來，四處嘈雜的人聲，與先前的鴉雀無聲形成強烈的對比。為考完一科而鬆了一口氣，這是極正常的，若休息時間還持續緊張情緒的話，很容易動搖信心，此點需特別注意。

有不少考生自緊張氣氛中得到解放之後，反而會變得十分聒噪。而大家談論的內容大都是以「覺得考題怎樣？」等為主，而有的考生則會特別大聲地說：「太簡單了！」也會聽到

有人說：「沒希望了！」等等，休息時間所聽到的大都是諸如此類的對話。這些都只不過是從緊張感鬆懈下來之後隨便說的話，沒有必要太在意。尤其說考題簡單的人，大抵來說，他們的成績都不怎麼樣！也許只是故意裝腔作勢，以排擠他人的心理戰也說不定。

同樣地，休息時間拿出和考試不相干的小說、漫畫、或難度較高的哲學書籍來看，表現出胸有成竹的考生，也只不過是裝腔作勢罷了！這都是沒有自信的考生故意虛聲張勢的作法。

若受到這些裝腔作勢的考生之影響，接下來的考試當然會顯得急躁不安，這麼一來就無法充分發揮實力。要言之，考試時對於周遭的一切必需視若無睹。

20 考試當天，數數自己考場內的缺席人數，具有穩定心情的效果

參加聯考時，看到鄰座的考生缺席，相信有不少的考生心裡會想：「最好有更多的人缺考！」這種情況對考生的確具有激勵之實質作用。即使只缺考一人，對考生而言，的的確確就是少一位競爭對手，無怪乎考生都希望缺考的人數愈多愈好，這也是人之常情。

因此考試時抬頭看一下黑板上的缺考人數，也是使心情穩定的方法之一。不管缺考人數是多少，總算是降低競爭率、提高錄取率，心裡這麼想的同時，可以轉變心情、消除緊張。

21 考試時的種種顧慮，會增加心裡的壓力

充滿緊張氣氛的考場，連監考官也可以感受到那層重重的壓力。為了抵擋此層重壓，以及應付考試卷上的問題，試場上的種種顧慮都必需避免。座位桌椅壞了、忘了帶用具……等問題都應盡快提出，以便能夠迅速得到解決。

總之，不要讓考試以外的任何問題牽絆住自己，而造成種種顧慮。

考試時沒有其他顧慮的話，就會奇蹟似地產生自信，因而能夠充分發揮實力。相反地，考試時還得顧慮、耽心其他的事情的話，就很難發揮實力囉！

22 凝視一件東西，使人容易集中精神

聽說德國的學者——坎特，看書時有從書房的窗戶凝視樑柱頂端的習慣。雖然只是平淡無奇的話，但事實上在此我要說明的應考技巧與坎特的習慣，兩者的理論是相同的。

心理學上也認為人類凝視一件東西時，有助於穩定心情、集中精神。也就是說，凝視一點時，視野裡的其他雜物全消失，只剩意識範圍，即是凝視的那一點，心理學上稱為意識視野，達到此境界時，自然就容易集中精神。

因此試著將此原理應用於考場上。考試開始之前，常常可以看到考生緊張得不得了，而這些考生都是沒有鎖定眼睛焦點目標的人。這時眼睛不妨凝視身邊的一件東西，然後試著將意識集中在這件東西上，這麽一來，即可漸漸地穩定心情、全神貫注於考卷的試題上。

若上述的方法還無法集中精神的話，再試著閉上眼睛，把意識集中在身體的某一部份，例如，眉間等也可以。若能邊深呼吸，效果會更好。

23 做出與其他考生不同的單獨行動，可以加強對自己的信心

平常不太出色的小孩，若被選為班上的幹部，他的成績往往會因此進步神速。這是因為他藉由握有領導權，而覺得自己與衆不同，因此產生自信的結果。

即使在考場，若也同樣居於領導地位，對自己的能力自然就會湧出自信來。因此不妨試著做出與其他考生不同的單獨行動。例如，交卷時第一個交，若無法最先交卷，那麼就最後一個交吧！採取與他人不同的行動之舒暢感，可以使能力發揮得淋漓盡致。

24 考場上即使有些無聊的規定，還是明確地遵守比較好

聯考與學校的段考、週考不同，考試時有一些注意事項必需遵守。例如，不可攜帶電子計算機入考場、背包應放在哪兒等都應注意，其中若有考生不遵守的話，就成為監考官注意的對象，也因此引起該考生的緊張情緒。

即使是無聊的注意事項，也應細心地遵守，沒有必要逾越它。這麼做，可以說是一項預備工作，因為它是作答時避免粗心大意的心理基礎。

25 「不安之情緒，其他考生同樣也有」，這麽想的同時可以解除怯場之心理

在運動的領域中，對於危難情況的精神建設，即是「自己痛苦不堪時，對方也同樣正忍受著」。也許有人會認為這句話只不過是簡單的精神主義罷了，然而仔細深思的話，則不失為克服陷入困境的好方法。

因為陷於困境之際，若心裡也隨之懦弱、膽怯的話，可以說根本沒有取勝的希望。

而所謂的「自己痛苦不堪時，對方也同樣正忍受著」，正是把對方和自己置於同等的地位，至少心理上也製造了自己並不輸對方的條件。

在正式考試感到怯場時，「自己痛苦不堪時，對方也同樣正忍受著」這句話頗值得參考！鄰座的人，看起來似乎臨危不亂、胸有成竹，其實他正處於極度的緊張、不安呢！

總之，在考場只要想到「不安之情緒，其他考生同樣也有」，想必不安之情緒可以漸漸撫平，而全心投入考試。

26 在考場感到害怕時，可以雙手緊抱、雙腿交叉等，採取防衛的姿勢。

象棋、圍棋比賽進行中，陷於僵局時，常常可以看到對決者雙手緊抱在胸前，一動也不動地思考。的確，當我們面對任何難題，或得仔細思考問題時，都會不自覺地把雙手緊抱在胸前。

事實上，根據肢體語言研究者的說法，這種姿勢是屬於「防衛姿勢」的一種。藉由雙手緊抱，形成和對方之間的障壁，或者以此縮小自己的表面積，使自己覺得已置身於安全之處。

的確，雙手緊抱、雙腿交叉等，採取自己的身體與自己的身體接觸的姿勢，具有「防衛」之意味。即使沒有具體的外來攻擊之威脅，這種姿勢仍然可以給人一種安心、安定感。

因此，在考場被其他考生的氣勢所壓倒、感到怯場時，不妨採雙手緊抱、雙腿交叉等姿勢，這是「防守」自己內心的好方法。只要採取此一防衛姿勢，必可使心情回復微冷靜，以便沈著應戰。

27 感到緊張不安時，腦中可以試著想想惡作劇的情節

那是高中時代某次期末考所發生的事。當時我得知監考員是一位嚴肅、可怕、權威主義的老師，因此我想了一個計策——事先和同學們約定好，當那位可怕的監考老師說明考試應注意的事項之後，問大家「懂不懂？」時，先由教室右半部的同學回答「懂！」。而且老師說任何笑話時，也是由右半邊的同學先笑，接著再換左半邊。

這項計劃果然得到極佳的效果。這位老師每次裝模作樣地說話時，就會引起半邊同學的反應之奇怪現象，因而使他陷於——自己的耳朵是否單隻交互作用的錯覺裡。我們看到這種情形心情暢快不已，因此使得大家都能輕鬆愉快地面對考試了。

雖然是微不足道的玩笑，卻可以使自己的心理與對方處於較平等的地位。因為開玩笑大都是以比自己強的人為對象，而經過這麼一鬧之後，會覺得對方似乎也沒什麼了不起。

參加聯考時當然不可能實際進行，不過可以在心裡想，想像開這個玩笑時，將會有什麼情形發生；作那個惡作劇時，將會有什麼反應……等，可以想像實際進行時的情節。如此一來，可以預防緊張，而且應該能夠使自己產生優越感。

28 認為自己「正緊張」，是心情開始趨於穩定的證據

感覺自己正緊張時，誰都會焦躁不安地認為：「我好緊張、靜不下心來」，若就這樣心灰意冷地認定自己「不行了！」的話，往往會因此亂了步調。

其實，了解自己正處於緊張狀態的話，也就等於能夠客觀地分析自己的情況，所以應該不是非常緊張才對！這時倒不如把它看做是心情將平靜下來的證據，這麼一來，就能真正地消除內心的緊張。

然而，當時若很難把這份緊張感看作是心情將穩定的開始，不妨以「啊！我也和大家一樣都會緊張呢！」分析自己的心情來觀察自己，自然而然心情就能漸漸平靜下來。

29 得失心不要太重，也有助於考試順利進行

得失心太重是一般考生的通病。以這種心態來參加聯考，當然會引起緊張、焦躁不安，而導致無法充分發揮實力。為何不從「得失心」的枷鎖中解脫出來呢！

看到考生這種情形，使我想起有關打高爾夫球的事。重要比賽的前半段，他一直無法打輕擊球，為此苦惱不已。但是愈盼望球能進洞，球卻愈進不了；不是還沒到達、就是超過。繼續這樣下去的話，可想而知成績將是怎樣的局面。「唉！隨它去吧！球不進此洞，必有它可以進的洞」，感到十分無奈的他，只有這麼想囉！心情一轉變，奇蹟似的他竟能順利地開始打輕擊球，結果他以優異的成績贏得這場比賽。

聯考，也是同樣的情形。沒考上第一志願沒關係，還有二、三……志願呢！當你的得失心不再那麼重時，相信將會有意想不到的收穫。

30 對於監考官說的笑話能笑得出來，表示你已經不緊張了

我擔任監考官時，注意到一件事：在緊張的氣氛中，即使監考官口沫橫飛地說笑話，仍

然有考生一笑也不笑。面臨正式的考試，緊張是免不了的，因此有的監考官為了紓解緊張氣氛，即使不習慣講笑話，也會盡力而為。大家何不捧場一下呢！

對於監考官說的笑話能愉快地笑出來，想必你的緊張感已隨之消失了。

31 最好把帶入考場的參考書當作「護身符」

在考試開始之前，參考書不離手！埋頭苦讀的考生，在任何考場一定都可以看得到。他們似乎一分一秒也不願浪費。但是很可惜的是，這種作法並非上策。

有的考生即使到了考場，仍然把參考書、教科書、筆記攤得滿桌都是，簡直就是把

書房搬到考場，但最後滿桌的書幾乎都沒唸到，就已經開始考試了。

人類可急中生智的確是事實，但是該原則只能運用於集中的一件事情上。若在心情不穩定的情況下，這個也想要，那個也想要的話，結果往往會什麼也得不到。

而且這樣使用頭腦，反而會攪亂腦中原有的記憶，考試時便無法順利想出答案來！甚至，因為發現到沒有印象的部分，而使自己變得更急躁、不安。

所以，與其胡亂看一番，倒不如把參考書當作「護身符」，雙手好好捧著它，悠閒地眺望天空，好讓頭腦變得更清醒，這才是上上之策。

32 請攜帶用慣的筆記文具入考場

「明天就聯考了！」，這時不難發現家人已忙著為考生準備新的原子筆、鉛筆、橡皮擦等。但是，考試當天若使用不習慣的用具或穿新衣服等，反而會使考生的心情無法穩定下來。

我認識的一位考生，聯考當天他攜帶自己心愛的橡皮擦入考場且定定地看著它，結果使心情得到完全的平靜。

使用用慣的文具，不僅僅是方便而已，而且即使是一塊橡皮擦，也就像是一位知心的戰友般，每天陪伴你，似乎你的努力、辛苦、孤獨……，只有它了解。因此，在最重要的關頭當然也只有在它的陪伴下才能感到安心。

33 進入考場之後，玩弄鉛筆、橡皮擦，也有助於穩定心情

人類神經緊張時，為了紓解緊張情緒，會有諸如此類的傾向——無意識地反覆擺動手腳等。這種情況，心理學上認為是心理機制的一種。

為了避免考試時的緊張，不妨「有意識」地善加利用這種無意識所引起的心理機制。例如，玩弄鉛筆、橡皮擦等，試著有意識地讓手動一動，或者用手輕拍膝蓋等，可以在考試開始之前的幾分鐘，反覆進行這類簡單的動作。漸漸地，你就可以清楚地感覺到內心的緊張已慢慢緩和下來、肩膀上的力道也緩緩排除。

34 作答之前，不妨進行簡單的「考試儀式」，可以穩定心情

常常有學生感嘆道：「考試時就是太緊張，以致於無法完全發揮平常的實力。」但是，

「緊張」本來就是進行一項重大事件之前，心理的準備運動，所以不必太在意。話雖如此說，但緊張的程度若過高的話，則非有好的對策不可。在這兒介紹的「考試儀式」，就是紓解心情的簡便對策。

使用該方法並不需要任何麻煩的手續，只要在考試之前，把手錶脫下來放在桌子上、摘下眼鏡擦一次鏡片、文具用品擺好……等，這就是所謂的「考試儀式」，它並沒有特定的標準，只要依照自己的意思去做就可以了。

方法雖簡單，但穩定心情的效果可不同凡響喔！

35 姓名、座號應慢慢書寫

台灣現今的大學聯考均依照准考證入座，而不需要書寫姓名、座號。不過平常的月考、週考、模擬考仍然要寫，但老是有學生會忘了寫。

其實，書寫姓名、座號是最簡單不過的事，然而，卻具有穩定急躁不安的情緒、放鬆心情的效果。一般來說，考試最緊張的時刻──一是考試開始後的五分鐘；另一是考試終了前的五分鐘。因此，最好利用考試開始後的五分鐘，盡可能慢慢地書寫姓名、座號，接下來的考試，便能夠把實力發揮得淋漓盡致。而最後的五分鐘也能夠悠閒度過的話，想必一定能考出相當好的成績。

36 對於考試題目，以找出它的毛病的心態來面對，就不會被擊倒

不被監考官、考場的氣勢所壓倒，是發揮實力的有效作戰方法的話，那麼面對考題時也是同樣的情形，千萬別被考題給擊倒了。

在此有一個方法提供大家作為參考。即入考場之後，以找出考題的錯誤的心態來檢討問題。這麼一來，不僅不會被考題所擊倒，而且也能確實掌握問題的關鍵所在，然後就能夠一步一步找出正確答案。這種方法可以說是具有一石二鳥的效果。

37 找失敗的藉口的同時，容易引起緊張

考試結束之後，常常可以聽到考生這麼說：「因為太緊張，所以考壞了！」其實，剛好相反。應該這樣說：「因為考壞了，所以好緊張。」為何會引起緊張的心理狀態？事實上，當自己對於某事辦不到或慘遭徹底失敗之後，心裡會想辦法說服自己將這些情況「合理化」

，因而引起心理的緊張狀態。

為了預防這種狀態的產生，遇到不會的問題，不要把它「合理化」，認為是理所當然，而應試著再仔細考慮一番。這樣才不會引起一些不必要的緊張。

38 深呼吸再慢慢吐氣的呼吸法有助於預防緊張、怯場

有時隨著電視演出的高潮迭起，我的心也隨著噗通噗通劇烈跳動，這時為了穩定心情，我常常利用坐禪的一種呼吸法。先深深吸氣、止住氣息、再把力道送往腹部，過一會兒再慢慢吐氣，這樣進行之後，即可放鬆緊繃的情緒。這種方法稱為丹田呼吸法，是

腹式呼吸法的一種。進行丹田呼吸法之後，可以使自律神經的活動趨於正常，而且能夠減輕心臟的負擔，結果身心便能處於非常平穩的狀態。

進入考場之後，不妨試試該方法來平息興奮不已的神經。

39 考試進行中，紓解情緒的方法也屬於考試應戰的範圍

擔任監考員的話，只要看看考生的臉，就知道此人是否沈著應戰。判斷的依據，首先是臉色。常常可看到脹紅著臉埋頭拚命寫的考生，這些人大部份幸運女神都已遠離他們。因為他們已經失去冷靜，而無法發揮平時的實力。

遇到解不出的問題時，往往會變得急躁不安，甚至感覺到全身的血液往頭頂衝。這時候應該儘早跳脫這樣的窘境。

首先想辦法平心靜氣，例如，除去肩膀的力道、伸伸懶腰、轉一轉脖子等都可以。

總之，解題觸礁時，千萬不可心慌意亂，試著放鬆心情，再來看該題目時，也許靈感就來了也說不定。

40 考試過了一半時，不妨伸伸懶腰，可以使頭腦保持清醒

心理學上認為腰部、脖子具有緩和緊張的神經、刺激腦細胞的作用。由此看來，該方法最適用於考試的場合。尤其在考試時間過了一半之際，有意識地伸伸懶腰，可以清醒開始感到疲倦的頭腦。接下來的考題，就能夠以一種新的心情來面對了。

41 即使第一科考壞了，也要保持樂觀的態度

只考完第一科，就有考生認定自己已經沒希望了，而把持悲觀的態度。甚至有人因此臨陣脫逃，第二天的缺考人數當然又增加了不少。但是聯考的成績是以總分來計算，所以只有一、兩科考壞，就認為自己已經不行了，未免悲觀得太早了吧！

而且，還能夠客觀地判斷自己「考壞了」。可見還具有實力，內心還算冷靜，因此不妨好好期待接下來的考試。第一天覺得自己考得不錯、滿心歡喜的人，其中卻有不少人在放榜之後開始悲觀了……。

42 考試的休息時間，把先前的考試問題完全忘掉

考完一科走出教室之後，常常可以聽到考生諸如此類的對話，「覺得難不難？」、「第二題的答案是什麼？」……。

做完一件事之後，急於知道其結果，這是人之常情。但是考試的休息時間，表示前一科已結束。頭腦應利用這段時間轉換成下一節考試的內容。而老是沈溺在前一科的考試題目，實在是百害無一利。

更何況萬一知道自己寫錯了，只會影響到下一節考試的士氣。

43 在心裡唱歌、吹口哨，具有穩定心情的效果

考試鐘響前的兩、三分鐘，是考場的緊張氣氛達於頂點的時刻。為了不屈服於周遭的氣氛，這時應盡量製造出輕鬆的態度。例如，心中唱著母親常哼的歌謠、或吹吹口哨……都是放鬆心情的好方法。

在緊張的空氣還沒有侵入你的心裡之前，心中卻有一股開朗、充滿活力的力量，那麼就可以扭轉四周的氣氛了。

44 正式考試時，最好把自己孤立起來

聯考時即使是朋友，也是競爭的對手，所以同校的朋友、同學在同一考場時，彼此之間總會展開微妙的心理戰，也許是無意識也說不定，但總是不爭的事實。

如前面所敍述的，考生之間總喜歡以前一節的考題為話題，這時你若提起自己不會的考題，而同學的回答卻是：「那題很簡單啊！」聽到這樣的回答，想必多多少少會對自己的信心造成動搖。

因此為了動搖信心、引起神經緊張，在考場最好把自己孤立起來。把自己置於不受無謂的刺激的環境，也屬於重要的應考技巧範圍。

考試時盡量把自己置於獨處的狀態，隔絕一些無謂的話題，這麽一來，心中必可對自己更加有信心。

應考的訣竅③

使考試時間倍增的技巧

——從靈活把握考題
至如何分配時間的訣竅

45 常見的圖解題，大部分都很簡單

考試時迅速看一下全部考題，然後從最簡單的問題開始著手，這是考試的原則。但得注意題號順序，千萬別寫錯空格。

那麼，我們就試著分辨出哪些是屬於簡單的題目。

首先迅速瀏覽過全部的考題，而題目篇幅很長的部分，最後再看。因為內容多，必需全部看過才知道它的難易程度。所以倒不如先瀏覽圖解題。因為圖解題一看就知道有沒有印象。若十分熟悉的話，首先就從這部分作起囉！

在考場，對考生而言分秒都有可能成為勝敗的關鍵。當時根本無法仔細推敲問題，臨機應變的原則，即是從簡單的題目開始作起。

考題的型式有問答、選擇、圖解……等，其中以圖解題最顯眼，而且可以迅速作判斷。因此在有限的考試時間裡，從圖解題的部分著手，可以說是明智之舉。

46　作閱讀測驗時，不妨先瀏覽後頭的考題再看正文，可節省時間

在聯考的考題裡可發現不少長篇的閱讀測驗。也因此有許多考生一頭栽進這長篇大論的閱讀測驗裡，而時間就這樣一分一分地過去，結果根本沒有多餘的時間來作其他的考題。他們依照考題的順序作答，當然會產生這樣的狀況。

閱讀測驗後面，通常都有幾題與前文有關的題目。若照順序作答的話，勢必得花相當長的時間來閱讀全文，然後再做後面的考題。這樣既浪費時間，又沒有效率。因為看過長篇的閱讀測驗之後，也不見得能夠記住幾成，再看後面的考題問什麼時，又得看前文的內容了。

所以，首先可以先把後面的測驗題瀏覽一遍，再看前文。這樣可以提高作答的效率。因為先看測驗題，可以立刻了解它問什麼，再看前文時就知道哪兒應注意、應仔細閱讀。這樣即可縮短閱讀的時間。節省時間、不作無謂的浪費，是聯考勝敗的重要關鍵。

47　大致上來說，閱讀測驗的最後一段往往是重點所在

作閱讀測驗時，只看一次、兩次，常常無法把握問題的重點。這時候不妨再看一次最後一段，應該可以更了解全文的含意。因為閱讀測驗的最後一段，往往是全文的重點所在。

相反地，若只看到前半段，就覺得自己已經理解，而開始作答的話，常常會錯得一塌糊塗，而自己還沾沾自喜以為都會呢！為什麼會有這樣的情形呢？因為也許後半段與前半段有不同的含意也說不定。所以，作閱讀測驗時，務必仔細閱讀最後一段。

48 看閱讀測驗時，應邊看邊畫重點

匆忙看過閱讀測驗的內容之後，接著作後面的問題時，往往不知道該如何著手。這是不少考生的通病。

想掌握問題的重點，最佳的方法即是，在閱讀全文時，不妨在重要部分畫上直線，然後再仔細分析、理解問題的本質。

這是人類心理的一種奇妙現象——閱讀全文時，即使是摸不著頭腦的問題，只要在底下畫上直線，結果就可以明確地成為全文的焦點所在。只要反覆閱讀畫線部分，就比較容易掌握全文的重點，且可節省閱讀的時間。可說是一石二鳥的好方法。

在有限的時間裡，如何有效地運用時間，使實力能夠完全發揮出來，這才是致勝的關鍵。

49 數學的解法、計算的步驟應歸納整理，才能夠明白思考的全部過程

數學試題的解答，是按部就班地應用基本知識求得。因此一下子就直接寫出答案的話，即使作錯了也不易察覺。所以縱使答案紙不需要寫出計算過程，但考數學總需要計算，當你計算在題目紙上時，也不要寫得太亂，最好依照解題的步驟來做。這麼一來，作最後的檢查時，若有錯誤的話，才比較容易看出來。

有不少考生看到題目立刻在腦中計算，或在題目紙上隨處計算，這樣不僅會使心情隨之混亂起來，而且算錯的部分也不易檢查出來。

因此考數學時，最好在題目紙的空白處依序計算，不但方便檢查，而且也可以使心情較穩定。

50 集中注意力於一道問題時，最好遮住其他的問題

電視上播出跑馬比賽時，常常可以看到馬是戴著面具只露出眼睛的模樣出場。這麼做是

為了讓神經質的馬看不到其他的馬及觀衆，而能夠集中精神於眼前的跑道。

這種方法也十分適用於考試的場合。已作好的問題，下一道問題均在視野之內的話，就很難集中注意力於正在作的題目。這時不妨反摺試題紙、或用鉛筆盒等遮住其他考題，便能夠集中精神於一道問題上。

51 作題目遇到瓶頸時，可以試著改變思路

美國的經營學者之間，曾經流行垂直思考和水平思考等思考方式，要說明的話，是沒有限定的，不過如果我們脫離日常生活中對事情的看法，以不同的角度來看事情的話，就可以清楚地看到以往看不到的各種現象

之本質，這就是他們的基本思考方式。

其實沒有必要刻意取名為××思考法，改變想法、轉變思路等，誰都可以輕易辦到，而且它可以在聯考時發揮驚人的威力。

例如，寫英文作文時，一時想不出聰明（clever）的單字，不妨改變一下思路——聰明即是不笨，這時就可以以no fool的單字來代替，而不要讓自己陷於不會寫的困境。

總之，作題目遇到瓶頸時，不妨試著改變一下思路，往往會有意想不到的效果喔！

52 覺得考題很難的考生，考取的可能性較高

考完一科之後，若你覺得考題很難的話，這時誰也都會先預測出不好的結果，導致心情一直往下沈，而影響到下一節的考試。不過，當你能感覺出題目的困難程度時，其實這正表示你的答案大都是正確的。

「無知之知」，正如這句話所說的，清楚了解自己不知道地方，要比那些連自己哪兒不知道都不清楚的人略勝一籌。同樣的道理，若能感覺出題目的困難程度，正表示你已理解問題的本質，而知道如何解答。

53 難纏的考題，乾脆放棄

經常可聽到評分的老師如此說。例如，英文作文一定要寫，有寫就有分數，而不要把時間浪費在難纏的考題，例如，單字就是相當困難的部分。因為單字實在太多了，有時的確難以辨別正確的答案，若完全沒有把握的話，倒不如放棄的好，一來節省時間，二來避免把分數倒扣光了。

總之，考試時務必掌握住會寫、確實可得分的部分，這絕對是應考的必備訣竅

54 放棄不會寫的題目，不妨以分配作一題時間的三分之一來作它

考題的排列方式、內容，常常會有使考生易掉入的陷阱。例如，依照常理來說，應該先從簡單的單元開始出題，但考題有時就不會這麼安排，它反而把較難的題目列在前面……，為了不落入出題者的圈套，就應預先分配一下每個考題的時間。例如，題目有六題、時間是一小時的話，那麼每一題大約分配十分鐘。對於不會的題目，大致上是以每題的三分之一的

時間，也就是三～四分鐘，來決定要放棄、還是要留到最後再寫。

因為若把時間都固定分配得剛剛好的話，萬一遇到不會的問題，還固執要花那些時間，豈不形成無謂的浪費。有時會碰到想放棄的困難考題，不過也應該花個三～四分鐘的時間來作決定吧！然後再善加利用多餘的時間。

平常唸書遇到難題時，即使花再多的時間也應該把答案找出來，這是唸書時應有的態度。但是正式的考試就沒有辦法這樣做，因此考試之前的最後衝刺，必需顧慮到這一點。面臨正式的考試，才能妥善調配時間。

正式考試時，把不會寫的考題的三分之二的時間，用在其他的考題，使其他的考題答得更完整，也許因為這樣而補救了放棄的考題的分數也說不定。

55　即使同樣是一個小時，正式考試的場合便能以一個小時以上的時間來運用

考卷發下來時，瀏覽一下考題，有不少考生確實對考題之多嚇了一大跳。「怎麼寫得完？」有的考生不由得緊張起來了。這時千萬不要動搖信心，還是穩定心情好好地作答吧！

例如電視節目的製作，若是三十分鐘的節目，通常都會準備四十～四十五分鐘的劇本。

因為正式錄製時，若進行順利，四十～四十五分的劇本，只要三十分就可以錄製完成，所以非得多準備不可。而考場裡考生的氣勢，更是電視節目所比不上的，不僅是順利而已，而且可以說是以破竹之勢來解題，因此，一般看來似乎寫不完的試題，最後還是能夠完成它。

56 題目作到一半陷入僵局時，不妨先作個記錄，然後繼續往下進行

有人總是認為非得依照題號的順序作答不可！遇到作不出來的問題，果真就有考生一直陷於該題的僵局裡，而沒有繼續往下進行。這時跳出此僵局，立刻作下一題才是上策，不過作下一題之前，先在不會的題目上作個記錄。

這麼做不僅可以把問題的疑點明朗化，而且回頭再來作該題時，便可以直接進入情況，而不需要再浪費時間來整理思緒。

57 進入下一個問題時，應先稍作五～十秒的休息

有不少考生做完一題時，似乎一秒也不浪費，就迫不及待地進入下一個題目。某種意義

上來說，雖把時間視為聯考勝敗的關鍵，不過這種說法似乎並不是十分完整。因為解答一個問題的思考方式，並不一定就適用於下一個題目，所以這時便有必要轉換一下頭腦的思緒。

為了排除還停留在腦中的前一個問題，以便換成新的思考方式，所以作完一題時，不妨花五秒～十秒的時間來眺望窗外的風景，讓頭腦轉換一下。

看來似乎是在浪費時間，其實反而是在節省時間呢！

58 作答時字跡務必工整

字跡的好看與否因人而異，而且並不會因為字跡的好不好看而影響到聯考的分數。

不過，最重要的一點是必需力求工整，好讓閱卷人員易於批閱。即使字跡再好看，但寫得潦草不堪、且一大堆簡體字，多多少少會影響到閱卷人員的心情，相對地也會影響到分數。相反地，只要認真寫、字跡工整，不管字跡好看與否，都一定給閱卷人員留下好印象。

尤其作文、申論題，字跡的工整與否，更是占有分數的比例，所以平常就應注意字跡的工整、且盡量寫正體字，以免考試時覺得不習慣，而耽誤了時間。

59 閱卷人員不知道解答的「幕後」情況，若能這樣想，必可以客觀地作答

目前的聯考，始終只是以作答的結果——答案，為評分的標準，而無視於考生的思考過程。數學、物理、化學等的計算題、證明題，雖然有一部分是以思考的過程作為評分的依據，不過，客觀的測驗時，這些幾乎都不是評分的標準。

聯考的這項特徵，我常常做這樣比喻：「答案是燈光集射的舞台，而幕後如何都已不重要，因為閱卷人員只看到舞台。」所謂的考試，終究是反映不出我們思考的「幕後」，這麼想的話，即可以使自己下定決心朝答案的方向前進。

儘管你所追求的答案是深入的思考、絕妙的理論，但這種深入、絕妙的理論並不被承認

，甚至一點意義也沒有。例如，申論題，你寫出來的答案全看第三者作何種評價，而與你如何用心地思考、見解多麼獨特等，一點關連也沒有。斷然這麼想的話，就可以排除主觀的想法、思緒，而客觀地作答了。

總而言之，考試時的思考過程——「幕後」，閱卷人員的確不知道，這是應考時應有的認知。

60 作答時答案紙最好不要寫得密密麻麻的

整理筆記時，對於那些當初寫得滿滿的部分，總是感到特別棘手。因為整理時難免會有新的心得、理念，或漏寫的部分想加入，但總是不知如何下筆。而且寫筆記的最大目的是便於日後的複習、檢討，而在複習、檢討的過程中，多多少少會加入新的東西，這時就非有空白的地方不可。

作答時也是同樣的情形，若一開始寫就把空格寫得密密麻麻的，那麼回過頭來檢查時，想再加以補充的話，就很難下筆了。當然把答案寫在空格外，勢必無法給閱卷人員留下好印象。

61 對於長篇的考題，最好每看完一段就做簡要的記錄，這樣有助於及早掌握全文的含意

篇幅很長的考題，例如，國文的閱讀測驗，即使只要看一遍也得花相當的時間。尤其正式考試時看到這麼長的篇幅，更是想要快點看完它，結果一路看下來也沒有看懂多少，當然作題目時難免就會出差錯。

為了預防這種現象，剛開始看時不要急著一下子就非得看完不可，不妨在每看完一段之後，先做簡要的記錄，再往下看。如此有助於及早掌握全文的要義。

62 寫問答題時，應一目了然地把關鍵字寫出來

作問答、申論題時，它的答案應該會包含幾項要點。而閱卷人員的心理，大致上來說，他們都會特別注意這幾項要點中，是否有將主要的關鍵字寫出來。我看大學生的報告時，也是以學生是否把要求的關鍵字明確地列出來，作為評定的標準。

因此考問答題、申論時，除了理論必需正確外，還得一目了然地把關鍵字列出來，這也

是「應考的訣竅」之一。

63 「試述……的理由」的問題，最好以「……的緣故」、「……的原因」作總結

每個問題都有其出題的中心點，而回答問題時當然也得依問題的要求來回答。也就是說，作答愈接近出題的中心點所得的分數就愈高。尤其是「試述……的理由」等的問答題，並不是以「○」、「×」來回答，所以答案就有其準確度上的差別，這時就必需具有高其準確度的訣竅。

例如，歷史的考題：「試述工業革命發生於英國的地理、歷史因素」，這題是常考題，應該很容易回答才是。不過一旦要有次序、分段地寫出來時，卻有不少考生竟不能掌握其中心點，且不清楚其因果關係。預防產生這種錯誤的一個方法是，在敍述理由的問答題的最後，以「……的緣故」、「……的原因」等，較明確的字詞作結尾。

這麼做的話，比較能夠把所讀的知識先在腦中整理一番，因此寫出來的答案想必也會有條不紊，而且形式上更符合題意。和以英文問「why？」，回答「Because……」的情形是一樣的。主要的目的就是要以這種對等關係，明確來說明其論點。

64 「何謂……」，當問題如此問時，相對地應以「是指……之意」來回答

說明理由時，以「……的緣故」來回答，同理，以「何謂……」來問時，相對地就應以「是指……之意」來回答。這是使自己不要脫離問題重點的回答方法。雖然沒有硬性規定非這樣寫不可，不過，以理論式的問答題來說，針對「問」的方式來「答」，當然最理想。免得答非所問，而弄得閱卷人員一頭霧水。

好比日常生活中的會話，當你被問到：「○○是什麼？」你便會依問的話氣回答：「就是……」。考試也是同樣的情形，關鍵也是在針對問題的需要來回答。

65 寫問答題、申論題時，應注意段落之間的連接詞

連接段落之間的用詞——「因此」、「例如」、「但是」、「然後」……等，都可以使內容表現出完全不同的含意。因此若隨便使用的話，不僅文章不通順，甚至還會使答案產生錯誤。

閱讀年輕人的文章時，可以發現到他們打算寫出自己已了解的意念，但是論點上的表現，卻往往和腦裡所想的不一樣。所以平常應閱讀有關文章的寫作技巧方面的書籍，聯考時才不會詞不達意、無法完全表達自己的意念。

66 使用字詞時避免含意曖昧不清，應明確表達出來

「好像」、「似乎」、「大概」、「也許」……等含意不清的字詞盡量少用，尤其考試時是要求答案的正確性，若用了這些字詞，反而會引起題意的曖昧不清。

例如歷史的考題：「發生第一次世界大戰的時間及其背景？」而你的回答卻是：「大概在……。」閱卷人員看到這樣回答，想必是不會留下好印象的。為了明確地把自己的意念表達出來，這類含意不清的字詞，還是少用為妙。

67 使用太多否定的方式來表達，容易引起論點的混淆不清

考試作答時最好以簡單明瞭的方式來表達自己的意念。用否定的否定、或反問的方式，不僅使文章拖泥帶水、不夠緊湊，而且也容易引起意思的曖昧不清。

例如把「不可以不要參加！」寫成「一定要參加！」可以使意思更加簡單明瞭。況且，考試的時間非常有限，簡要地寫出來，也可避免一些無謂的浪費，另一方面，閱卷人員也才能夠一目了然地明白考生的意念。

68 配合題的答案未必只限於使用一次

填充、配合題的問題中列出來的答案，未必每個只使用一次，當然平時常見的是一個答案配合一題或一個空格，因此不少考生對於問題的說明連看都不看，就以這種先入為主的觀念來作答。

有時考題上列出來的答案比空格還少，而有一個答案配合一個空格的觀念的考生，想必是一頭霧水。所以除非有明確說明「一個答案配合一個空格」，否則一個答案是有可能使用兩次或兩次以上，這點應特別注意。

69 答案寫得太長，反而會給閱卷人員留下不好的印象

聯考和平常的期末考不同，期末考注重「考查結果」；聯考重視「考取與否」。因此，

聯考時以期末考的方式來作答，往往會得到意想不到的失敗。

例如，答案寫得太長。有的考生會有這種心理——認為無論如何多寫一點，總是認真的表現。所以聯考時就像考期末考一樣開始長篇大論起來。其實這樣反而無法讓閱卷人員發現到符合題意之處。若不是題目的「絕對必要條件」，就被變為不是正確答案。所謂的答案，加入不必要的部分當然不好，甚至不是十分必要的部分，最好也不要加入。換句話說，閱卷人員的評分方式，並不是以是否寫出正確答案為標準，而是以是否寫錯了為扣分的基準。聯考的給分方式大致是這種情形。

而且以閱卷人員的立場來說，看到以細小的字且寫得密密麻麻的答案，有時會使他們連看的意願都沒有。閱卷人員終究和我們一般人一樣，你對於字寫得細小又緊密的書，想必只有敬而遠之，閱卷人員當然也一樣。

「過猶如不及」，正如這句話所說的，答案寫得太長，反而會給閱卷人員留下不好的印象。

70　考試即將結束時，不要再做新的問題

時間只剩下幾分鐘、打鐘的時刻愈來愈迫近時，無論如何也要把握最後的幾分鐘，做好

還沒做的題目，這是人之常情。但是這樣做並不是提高分數的好方法。尤其，數學、物理、化學等計算問題，除非你把最後的結論寫出來，否則還是不算正確。

當然也有可能在最後幾分鐘把答案算出來，而搏回不少的分數；但完全沒有得到分數的可能性更大，只是做最後無謂的掙扎罷了！

而且在最後的幾分鐘，也許會讓你發現到沒做的題目原來並不難，但時間又不夠，而無法完成它，這時只會動搖你的信心，所以最後幾分鐘可以說是對自信造成最大威脅的時刻。

平常解簡單的問題時，若邊看手錶邊做的話，往往就很難解出來，更何況在僅剩幾分鐘的迫切情況下，當然更不適合思考嚴密理論性的問題。根據美國某航空心理學者的實驗，拿同樣的問題給在地上及高空的人來做，結果發現到在高空進行的人，由於心理上的不安，所以答錯的比率比地上的人高出許多。

最後的幾分鐘，應避免進行新的題目，倒不如把這點時間拿來檢查已寫好的答案，反而比較能掌握實得的分數。若慌慌張張地這兒算一點、那兒寫一下，結果仍摸不著最後的答案，豈不白白浪費了精神及時間。

應考的訣竅④

不會的題目以讀取出題者心理的方法找出正解

——從提高作選擇題的實力，至即使不會也能推理找出解答的訣竅

71 選擇題中，「正解常常包含在容易混淆的部分裡」

例如有一題化學選擇題，你不確定自己選的答案是否正確時，不妨暫時撇開問題，只要觀察列出來的答案就可以找出正解。對於我這種說法，也許會有不少人持著懷疑的態度：「怎麼可能！」其實，的確是可以辦到的。

這是我自己的體驗，某次擔任監考人員時，無意中看到一題化學選擇題，要考生在列出來的答案中選出正確的：(a)氯化亞鐵、(b)硝酸鎳、(c)硫酸銅、(d)氯化亞銅、(e)氯化亞汞。仔細一看，可發現到「氯化亞××」的形式有(a)(b)(e)三個。因此正確答案想必是這三個答案中的一個。接著就得進行三選一了。

決定的關鍵和先前的方法一樣，除了(b)有「銅」以外，(c)也有，由此可見，正確的答案應該是(d)氯化亞銅，結果確實是這個答案。

也許有例外的情形也說不定！但是出題者想盡量把正解藏起來，因此就會把正解放入容易混淆的答案裡，也因而漏出破綻。出題者也是人，所以儘管心思再細密，也是有跡可尋的。本章將陸續介紹，即使不會也可以把正確答案找出來的思考方法。

72 作選擇題時，先把列出來的答案中有明顯錯誤的劃掉

選擇題所列出來的答案中，一定有看就知道有明顯錯誤的答案混雜在裡頭。因此做選擇題時，首先把明顯錯誤的答案消去。

這麼一來，正解就在剩下的兩、三個答案中。從兩、三個答案中來找正解，總比從四、五個中來找容易多了。出題者在出選擇題的答案時，也希望能讓答案看起來都非常相似，但似乎很難辦到，所以只好列出不相干、或有明顯錯誤的答案來。這種方法是迅速且預防錯誤的應考訣竅。

73 作選擇題無法確定答案時，先把候補的答案置一邊，後來再回過頭來檢討

選擇題有很多「候補」的答案時，表示該題並不太容易作答。因為有幾個非常相似的答案，當然就很難作判斷。在時間有限的考場裡，這類題目可以說是非常浪費時間。

因此，如前面所敍述的，把有明顯錯誤的答案去掉之後，還無法得到最後的答案時，不妨先把剩下幾個答案都寫入答案欄裡（若是塡空的情況），或者先選出你認為最有可能的一個答案，先完成該題，然後再把其他有可能的答案做上記號，後來再回過頭來檢討。這麼一來，心情才能夠穩定下來，因為總算把那題作個了結。

接著才可以專心作下一個題目，而且後來還有時間回過頭來看的話，也許會有意想不到的發現，而把問題解決了也說不定。

有時即使是選擇題，題目仍然很長，所以在作答時若把候補答案作記號的話，重新檢查時，便不需要浪費時間去重新閱讀題目。

總之，這種方法多多少少可以節省時間，且有助於歸納、整理問題。

74 是非題中，×的答案有比較多的傾向

是非題中，○×各占一半、且出現的順序沒有一定，這是出題的基本。不過一旦實際出題時，○的答案往往無法達到一半，大致來說，似乎都是以×的答案較多。

這種情況可以根據出題者的心理探出原委。正確的解答只限於一種，不過由它衍生出來而容易犯的錯誤，倒是可以想出不少種。因此出題者便舉出容易讓考生想錯的部分來考驗考生是否注意到，這就是×的答案之所以會比較多的緣故。而照正確敍述抄出來，似乎無法測驗出考生的實力，這大概是出題者的心理吧！

75 作改錯題時，應多注意一下肯定、否定、反義詞

「改正以下錯誤的地方」，也有這樣的題型。作這類問題的技巧——從敍述中具有相反、反義的單字裡找，即可找出答案來。例如，把「多」改成「少」、把「遠」改成「近」等就可以了。

考試問題的正解，當然必需讓每個人看了都了解。因此，以出題者的立場來看，他們耽

心出了曖昧不清的問題，也容易產生不確定的答案，所以出題時就不會出模稜兩可的題目，而會有明顯錯誤才是。

76 選出對錯的題型，答案往往就在使用極端的詞彙裡

選出對錯的題型，大致上來說都是採用長篇讀解中的一段作為考題，而且常常在問題中加入全面否定或全面肯定的字詞。

例如，英文中的no, never, every, all, entirely,等副詞，就符合上述的條件，因此有這些字詞參入文中時，大致上來說，它們就是文章的錯誤所在。因為世界上極少有全面否定、全面肯定的事實。

而且這種情況並不只限於英文、地理、歷史等選對錯的題型，也可以依樣畫葫蘆。例如「北極附近完全沒有生物存在」等，使用極端的副詞時，首先就應懷疑它的正確性。

其實，對於這類的情形，你只要想一想日常生活中的會話，即可了解。常常使用「絕對」、「完全」等極端字彙的人，不僅他的話、文章沒有說服力，而且為人也不講信用。這類的例子的確不少。以人類平常的理論、感覺來說，應該不會這麼輕易就使用這些字彙才對。而出題者也是人，所以考試時當然也可以以這種常理來判斷囉！

77　順序排列的問題，先找出第一個和最後一個，很快就可以作出答案

考題中也經常出現順序排列的問題。例如歷史考題中常常列出幾個發生事件，而要求考生按先後順序排列；或者國文的考題中把詩、詞拆散，再讓考生依原來的次序排好。作這類問題的訣竅就是，儘快找出排第一和最後的部分。前後找出來之後，中間的部分就比較容易掌握。

因為記憶、理論的銜接，以開始和最後給人的印象最深刻。也就是說，在記憶的體系中，是從第一印象和最後印象開始產生，當這兩部分的重點確定時，剩下中間部分的要素，就可以利用連鎖式的思考作出來。

78 長篇大論的問題，答案大多隱藏在開頭和結尾部分

文章的典型形式可以以「起、承、轉、合」來表示。起，是文章的發端、也是論點所在；合，則是全文的總結。由此可知，前後兩段正是全文的重點所在。所以，面對長篇大論的考題時，只要熟讀首段和最後一段，幾乎都可以找到答案。

當然，文章並非都依照「起、承、轉、合」的型式來寫，有的是倒裝關係，或者以「合」的部分作為開頭。不過雖然沒有按照平常的型式來寫，但是最好還是觀察一下作者在開頭部分想強調的重點是什麼？而它的謎底大致上來說，就在結尾那一段。因此想掌握文章的要義、讀解，其關鍵就是熟讀文章的「起」、「合」兩段。

79 題目中即使有完全不知道的單字、片語、專門用語，也不必心慌

閱讀英文文章時，常常可以發現到連看都沒有看過、或是已經忘記的字彙。或者國文、社會科等考題裡加入新的時事用語、專門用語。

其實，碰到這種情況也不必心慌。因為篇幅既然那麼長，要全部翻譯出來，勢必是不可能的，所以，即使跳過不懂的字彙不看，意義還是可以說得通的。甚至由於該字彙看不懂，導致無法了解其含意，這時還有應變的方法。

可以從文章的前後關係、或該字彙與全體的關連性來推測。其實，我們常常可以發現到，文章裡即使出現不懂的字彙，但只要依普通的常識來作整體的判斷，往往就能夠了解其含意。能掌握全文的含意之後，對於單字的推測想必是不會錯得太離譜的。起碼應該可以推測出該單字是屬於哪一類。

也許會碰到怎麼也推測不出來的情況也說不定，然而這時候千萬不要放棄，不妨再仔細閱讀全篇的文章，只要能了解全篇文章的含意，那幾個不懂的字彙就不礙事了。

若一味地鑽研不懂的字彙，對問題只會造成「只見樹不見森林」的短視毛病，作問題時一定要避免這種情況。

80 依前後文的關係，不知道的單字、片語，常常可換成其他簡單的字彙

問題中出現自己不懂的字彙時，不妨試著這樣做看看！

只要想到平常我們說話、寫文章時的情形，便可以更了解這種作法。如非寫特別簡單的記錄、便條，否則我們轉告他人時，為了使對方更了解其含意，常常會以各種不同說法來表示相同的意思。考試時也是相同的情形，遇到難解的文章，不妨依照前後文的關係，試著把它換成簡單的說法，應該還是可以完全表達其含意。

例如：「往後，雙方不再動干戈，接著就是休戰季節的來臨！」依前後文的含意，把「動干戈」換成「戰爭」，豈不是更容易了解。

英文中也是完全一樣的情形，關係代名詞、Be動詞的後面接的當然是和該詞相等的某些說明，這正是可以「換句話說」的關鍵所在。

81 文章中出現不懂的字彙時，若有與它互相對照的單字，便可推測出其含意

英文、國文中出現不懂的字彙時，誰都會先試著在自己記憶的每個角落裡，找尋是否有該字的印象。但是，只依賴記憶的話，萬一記憶的貯存庫中本來就沒有貯存該字，那作業豈不就到此結束，而做不下去了。

這時有一種有效的作法，就是試著找出對照語。

森羅萬象的事物中，每種事物都有其陰陽關係，而字彙也是同樣的情形，不是正反對照、就是兩者互相對照，幾乎都可配成對。例如，生與死、晝與夜、男與女、愛與恨……等，怎麼說也說不完。人類將說明其中的一方時，為了能夠更明確地表達出來，常常會配合正反對照的概念，使他人更易於了解。

例如，岩田一男先生所著作的『英語讀解本』裡，曾舉出這樣的例子：As to marriage or celibacy, whichever course you may take, you will be sure to feel sorry. 在這句話中 celibacy 是相當難解的單字，但是如果注意到其對照語 marriage 的話，便可了解全文大致的意思是「結婚或獨身，不管選擇哪一種，都必定會令你感到後悔！」

82　不了解指示代名詞所指的內容時，最好就這樣擱著不要理它

國文中常出現的「此」、英文中常出現的「It」等指示代名詞，往往令考生困擾不已。它似乎指的是○○、又好像是××，真是弄得考生昏頭轉向。在此建議考生，對於指示代名詞究竟所指為何物弄不清楚時，最好就略過不要理會它。

大致上來說，指示代名詞表現得不是很清楚，可見它並非重點所在，所以略過不看，應

該不會有太大的影響才是。

83 文章中即使出現不懂的部分，只要加以刪減仍然可以繼續作答

國文古文的翻譯解釋中，常常會碰到不懂的地方，有的考生就這樣放棄不寫。就這樣白白送掉分數，實在可惜！

縱使是文中非常重要的部分不懂，只要把這部分省略，仍然可以繼續作答。這麼一來，往往由於寫著寫著，不懂的部分也隨之寫出來了，也說不定！若無法順利寫下去的話，還可以試著把不懂的詞句拆開來看。例如，不明白什麼「熱病」，這時乾脆省略「熱」不看，由「病」來推測，把它寫成「疾病」，大意也是說得通。

84 碰到不習慣的問題，只要剝掉那層外皮，問題本身往往只是基本的概念而已

碰到從來沒看過、也沒聽過的問題，大部分的人都會不知所措，心裡想：「這下子完了！

」其實，遇到這種情況，只要靜下心來再重新看一次問題，即使沒有見過和它完全相同的問題，起碼應該有遇過類似的類型。

接觸到新的問題時，「這個問題和我平常所看的哪一項基礎概念有關係呢？」首先，最重要的是找出頭緒來。回憶一下數學、理化的公式、歷史的年代表……等，找出出題的重點所在。只要能掌握出題的重點，作起來就容易多了。

人類對於自己不熟悉的事物，往往會失去冷靜面對的耐性。因此，遇到新的問題，心裡立刻排斥它、拒絕接受它。出題者也明白這一點，所以便會出這類型的題目來考驗考生。其實，不習慣的問題，並不表示它一定很難，它的確重要是難在考生無法穩定心情好好作答就足夠了。

碰到新的題型，可以說是和出題者打一場心理戰，這時最重要的是穩定心情，且剝掉那層外皮，如此便打一場漂亮的勝仗。

85 想出好幾個答案時，不要在腦中作比較，最好以文字來比較

想把人名塡入答案欄時，腦中卻出現幾個相似的名字，不知塡哪一個才好，想必大家都

有過這樣的經驗。例如「東條英機」、「東條英樹」、「東條英期」，腦中想到這三個名字，而似乎每個都正確，就這樣前思後想，而浪費不少寶貴的時間。這時不要只在腦中思考，不妨化作文字來比較看看。寫出來之後，應該就可以以自己看書的經驗，分辨出哪個字比較正確。

我也利用該方法來取自己所寫的書的書名。因為取書名時，我的腦海中常常會浮現出好幾個書名，而又覺得每個書名都有其優缺點，為此感到困擾不已。後來我想到把全部的書名全寫出來，將它們並列在眼前。

這麼一來，每個書名給我的感受，卻意外地變得十分清晰、明朗化，而使我及早決定使用哪一個。

由此可知，我們只在腦中想、口裡說，還不能全盤了解，唯有把它化成文字來看，藉著視覺化的轉變，才有判斷的基準。

86 感到迷惑時，最好以「直覺」來作答

腦海中浮現兩個以上的答案，而難以下決定哪個是正確的情況，是誰都有過的經驗。這時候「直覺」，也就是第一個浮現在腦海中的答案，常常就是正確的答案。

因為我們記憶、想事情時，有的人有「寫的習慣」、有的人有「唸的習慣」，而想以寫或說等習慣性的方式來表達時，無意識之間便會把積存在腦海中的東西用出來。也就是說，儘管自己仍感到模糊不清，但積存在腦中的東西會先出現，所以直覺的答案，答對的機率很高。若控制直覺的感受的話，接著仔細思考的東西，往往參雜自己製造的理由，因此反而含許多「牽強附會」的要素。

總之，對於無法決定的答案，不妨相信一下自己的直覺，八九不離十，應該都可以答對。

87 問題解不出來時，不妨利用檢查一覽表法稍微繞道一下

創造性的開發、問題解決學的範圍裡，經常使用的方法中，有一種方法稱為檢查一覽表法。人類的思考一旦陷入僵局時，往往會以同樣的思考方法來回地兜圈子，而走入死胡同裡。檢查一覽表法正是為了打破這種僵局的一種思考法。

正式的作法是，事先針對該問題所能想到的所有條件全列舉出來，必要時便以列出的表來檢查問題。不管什麼問題，一定都有幾個共通的檢查重點。例如「再大一點的話」、「再小一點的話」、「再展開的話」、「再緊縮的話」等，從各個角度試著找出檢查的重點。

考試陷入僵局時，用這種方法應該也十分適合。例如：幾何的話，則考慮到「補助線」、「接點」、「中點」……，代數的話，則考慮到「a的值為負時」、「為零時」、「為正時」等，平常唸書時就應注意，然後在腦中將它們表格化。且必需訓練自己隨時能夠迅速地把在腦中的表格全部考慮過一遍。

這麼做，除了預防無益的思考之外，對於不會作的問題，也可以改變觀點，而從另一個角度去觀察它，結果往往會有意想不到的效果。

考試也好、處理事情也好，陷入僵局時，不妨稍微轉個彎，試試檢查一覽表法。

88 考試的問題中，「容易打分數」的解答，往往都是有跡可尋的

選擇代表符號、填空的問題，都是以容易打分數的形式來出題。而這種出題方式，它的正確答案往往都是有跡可尋的。例如，以英文字當作選擇的符號時，答案大多都是以易讀的母音為主；使用數字時，偶數與奇數的數目則相同……等。

總之，到處都自然流露出題者的心理。

我在東京工業大學任教時，就發生一個實際的例子。出考題時，我也是以容易評分的方

式來出題——也就是以某個英文單字的拼法作為代表符號的標準答案，本以為做得天衣無縫、沒有破綻。結果還是被識破，應該不可能考滿分的題目，卻有人考滿分。可見「容易評分」的答案，也是掌握解答的一大線索。

89 解答，經常都是簡單、乾脆的答案

數學、物理、化學等問題的解答，有不少是1、－1、$x-1$等簡單的形式。經過複雜的思考、計算過程，終於算出答案時，若答案非常簡單、乾脆俐落，則十之八九正確的答案。就出題者的立場而言，形式簡單的解答比較容易評分。而更重要的是，考試的目的為的是測驗考生對原理是否了解、解決問題的過程是否正確。若算出來的答案的數字非常複雜，就有必要重新檢查一下計算過程是否有錯誤。

90 完全不會的題目，無論如何都不要讓它空白

閱卷時，答案欄留個顯眼的空白的話，當然沒有分數；答案完全寫錯，也沒有分數。雖然同樣得不到分數，但有寫總是比較有可能得分，所以，即使不會寫的題目，無論如何也要

寫，絕對不要讓它空白。

不會的題目，本來就應該沒有分數，但也許因為你的胡寫而有寫對的地方，因而得到部分的分數也說不定。所以遇到不會寫的簡答題、填充題、沒有倒扣的選擇、是非題等，無論如何不要留空白。

應考的訣竅⑤

預防失誤、突然忘記極具效果的技巧

從發現錯誤，
至瞬間記憶再生的訣竅

91 認為是「作過的題目」更應注意因粗心引起的錯誤

心理學上經常做以下的簡單測驗。

拿幾張年輕女性的臉譜畫像，給受測驗者反覆觀看，看過之後，再拿出一張不是很清晰的畫像，問他們看到什麼，結果幾乎所有的人都回答「年輕女性的臉」。

其實這張圖畫，看起來既像年輕女性，也像老太婆，只是他們完全漏看像老太婆的部分。之所以會產生這種情況，是因為人類反覆體驗某一件事之後，腦中便形成該體驗的架構，一遇到相似的事物時，就傾向於以該架構來框住它。

在解考題時，人類也表現出這種傾向。出現和以前曾多次接觸過的問題極相似的考題時，一看到問題，往往就認定是「以前作過的問題！」一旦這麼想的話，即使問題本身有些差異，也不會察覺。這樣一來，當然是把它當作以前作過的問題來處理，結果得到的答案，想當然爾是完全錯誤的。

因此看到非常類似的問題時，絕對有必要仔細檢查一下是否和以前所作的題目一樣。以免因粗心大意丟了分數、浪費了寶貴的時間。

92 小錯誤，經常是在問題解出來鬆一口氣時發生的

車站內的失物招領處，常常可以看到來認領的失主，塡完資料、辦好領回手續之後，又把東西忘在招領處，人就走了。

從這樣的事件，我們可發現到東西找到之後，人們終於鬆了一口氣，因而在此之前的緊張感完全得到紓解，結果又把心愛的東西給忘了。這是人類的心理經常出現的現象。

考試時也常常發生同樣的情況。難解的問題終於作出來、鬆一口氣的同時，要把答案寫入答案欄時，往往會寫錯，甚至忘了寫。考試時持續緊張狀態固然不好，但突然把心情完全放鬆，而引起不必要的錯誤，豈不是太可惜了嗎?

為了預防這種情況的發生，平常作問題時就應該心平氣和地面對，考試時，更不要感情用事，會寫便興高采烈、不會寫又顯得垂頭喪氣，千萬不要讓自己的心情起伏太大。問題解出來時，心裡就這樣想：真正的問題才剛開始呢！就這樣一題一題仔細地作，那麼單純的小錯誤、錯字、漏寫等情況，就一定可以發現到。

要完全放鬆心情，等到榜上有名時再放鬆也不遲啊！

93 出現自己擅長的考題時，更應該注意是否犯了自以為是的毛病

只要是考生，看到考題的那一刹那，「啊！就是那一題嘛！」誰都希望能有這般親切的感覺。

但是，「啊！就是那一題嘛！」這句話之中卻隱藏著意想不到的陷阱。也就是所謂的「自以為是」的毛病。而且以題目練習得愈多的人，愈容易犯「自以爲是」的毛病，也因此導致失敗的機會愈大。只因為題目作得很多，一看到考題便認為已經作過，而貿然以相同的方式來作答，當然有可能出完全一樣的題目，但如果不是呢！那麼，如此貿然行事，豈不是白白丟了許多分數。

人類可分為思考型和行動型的人。尤其行動型之中，就有許多人是屬於這種自以為是、貿然行事型。思考型的人面對事情時，會先仔細思考一番，再謹慎採取行動。而行動型的人，就是以行動來表示；往往還沒有看清楚問題，便立刻作答。

日常生活中，斷然行事的人，並不是只有壞的一面。「那個人真是名符其實的行動派」，這句話並非批評，反而含有讚美之意。但考試時，這類型的人就容易掉入陷阱裡。尤其以

作過許多題目的人，更有可能在不知不覺的情況下掉入考題的陷阱裡。

因此出現自己擅長的考題時，更應該注意是否犯了「自以為是」的毛病。

94 愈簡單的題目愈容易出錯

日本曾對幾家鋼鐵公司進行引起事故的心理調查。結果資料顯示：擔任鋏燒紅鐵棒之類的困難工作的員工，發生意外事故的比率幾乎等於零；相對地進行熔鐵爐的打掃、檢查等簡單作業員工，發生意外的比率卻相當大。

考試時也是同樣的情況。愈覺得簡單的問題就應該愈慎重處理，這點十分重要。

95 發現答案錯誤而又還沒找出解答時，不要馬上把錯誤的答案擦掉

一發現答案錯誤，想立刻擦掉重寫，是人之常情，不過，有趣的是，重寫的答案與原先的幾乎完全一樣，就以為自己已經作了訂正。

事實上，面對寫有任何東西的答案紙，反而可作為思考的材料，總比面對白紙、空白欄思考，還要容易聯想起其他答案。因此，當你發現答案錯誤，而且又還沒找出解答時，千萬不要擦掉，它可作為頭腦思考的材料，「到底是哪兒錯了？」也可作為檢討的重要線索。也就是說，錯誤的答案往往具有正面的啟示作用。

「見賢思齊焉，見不賢內自省也」，由這句話我們便可以淸楚地了解，別人的缺點，對自己而言，反而有正面的啟示作用。考場裡也是同樣的情形，當你發現答案錯誤時，便把錯誤的答案當作對方，以對方的錯誤來幫助自己檢查究竟錯在哪兒！確實知道錯誤出在哪兒的話，便知道如何去改正它了。

總之，發現寫錯時，千萬不要馬上擦掉它，不妨當作找尋解答的線索。

96 連續三個問題都不會時，不妨深深地吸一口氣改變一下情緒

我們人在處理一件事情時，若有波浪加以推波助瀾的話，氣勢馬上隨之高昂，而能夠全心全意完成它；反之進行的途中屢遭挫折的話，事情便容易陷入僵局、躓礙難行。考試當天，大家當然都是以最佳狀況來面對，不過，一旦面對考題時，將會有什麼情況發生，卻是我們所無法預料的。

我本人也常常有這樣的體驗。早晨醒來覺得神清氣爽、心情非常愉快，但是一旦面對書桌開始工作，有時事情卻無法如期地進行下去，這時我便看十分鐘的新聞、或者看看報紙，好讓心情轉換一下。

考場裡當然無法這麼做囉！這時不妨深吸一口氣、眺望一下窗外的視野，只要花一、二分鐘即可。這麼做的目的也是為了改變一下心情。因為連續兩、三題不會，也許會使你心慌意亂、甚至心灰意冷，這時若再繼續鑽研下去，也許會連僅剩的一點信心都喪失了，所以，遇到這種情況，不妨試著改變心情，然後再來作題目，也許不會的問題，因此靈機一動，迎刃而解了也說不定。

97 以同樣的方式重新檢查答案，即使檢查再多次也無法發現錯誤之處

重新檢查作好的答案，是考試的基本常識。但是，即使答案有錯，經過一次又一次的檢查，考生似乎依然很難找出錯誤之處。原因就是出在，以同樣的方式、同樣的步驟來檢查考題，所得到的結果當然也相同。

以心理學的觀點來說明這種現象，就是所謂的「習慣化」。也就是說，反覆進行相同的刺激的話，其相對的反應也會變得自動化。尤其驗算單純的計算問題時，與其說是檢討問題，倒不如說是再重新看一次自己寫的答案，以求心安。

這種檢查方式，當然看不出錯誤之處囉！因此，為了預防失誤而丟掉分數，重新檢查時最重要的一點就是，必需改變思考方式。具體而言，即是試著改變順序、反面來探索理論、以不同的角度來看題目等。

正因為以各種不同的角度來看題目，才可以決定哪個答案最接近解答。

98 察覺到犯了很大的錯誤，心想「完了！」時，不妨利用片刻的時間想一想其他的事情

檢查答案時，有時會發現到很大的錯誤。這時心想「完了！」而腦子往往陷入一片恐慌的狀態。在此，將說明擺脫這種狀態的技巧。

面對事情的嚴重性時，瞬間轉換注意力，可將自己導向於有利的地位——日本圍棋界有「電腦」之稱的石田秀芳先生所著的書中曾提及的話。

為了使心情及早恢復冷靜，心裡認為「完了！」的時候，就瞬間想一下與圍棋完全不相干的事物。「想想高爾夫、麻將的情況、房裡映入眼簾的花是屬於哪一科的植物……等，試著想其他事物的同時，心情即可漸漸穩定下來。」之後，往往就可以扭轉乾坤，而得到最後的勝利。

當一個人心裡想：「這下子完了！」時，其緊張感急速漲到最高點，而使自己陷於一種非常狹窄的視野。除非紓解這種異常的精神緊張，否則平常應該看得到各種情況，卻都變得視而不見。

考試進行中，發現犯了大錯誤，而心裡「完了！」時，不妨瞬間想一想完全不相干的事

物，這麼做可以紓解內心那份異常緊張。

99 重新檢查答案時，題目也應一起看

不管答案寫得多麼順暢，總是會耽心是否有哪兒寫錯了。因此誰都會在時間許可的情況下重新檢查一次答案，但是只集中精神於答案，而不看題目的考生，似乎不少。事實上，這種檢查方法，根本無濟於事。

稱為失誤的失敗中，有不少的情況是，弄錯題目的含意，而寫出相反的答案。考場裡氣氛之緊張，是可想而知的，但是因此而斷送上榜的機會，真的是讓人後悔莫及。

看考題時，一旦看到問題所在，往往只把注意力集中在這一部分，而不再顧及考題全文，結果因此造成嚴重錯誤的情況卻是不少。而且對於自己所寫的缺乏自信的答案，會一再地檢查，但就是不會想到應重新看一次考題。

出題者也知道考生的這種習慣，所以有時會在題目裡多少設一些圈套。因此為了預防失誤、不落入圈套的話，檢查答案時，首先應該養成重新看題目的習慣。這也可說是使自己發揮十二分實力的捷徑。

100 心裡掛念的注意事項，不妨在空白處作記錄以免忘記

人類的注意力有其分配的原則。例如，只注意到所使用的漂亮筆記本、且整整齊齊的抄寫的話，往往老師所講的、寫的重要內容，反而完全沒有進入腦袋裡，這應該是誰都有過的經驗。

也就是說，人類的注意力是有其限度的。太過於注意一件事的話，便會忽略其他的事。面對考題時，也可以說是同樣的情形。例如，大致瀏覽考題時發現到某一題非利用某種公式不可，或者某一題總是因為沒有注意到某重點而寫錯……等，只注意這些注意事項的話，就不會注意其他的問題，因而經常造成無謂的錯誤。因此，若覺得有些事項非注意不可，不妨先把它們記在空白處，一旦它們從腦中溜走時，還有跡可尋。

把全部的事項混雜在一起，然後讓頭腦作一次的運作，這樣只會使集中力變得遲鈍。因此最好是一件事處理好之後，再來思考另一件事。

迅速切換頭腦裡的開關，有助於新陳代謝的作用。頭腦一次處理一件事，是最合理的使用方法，也是考試勝負的關鍵。

101 對於心裡掛念的事情，決定後再來處理，往往正是招致失誤的根源

作完一個問題之後，接著作下一個問題的過程中，有時會忽然想到前一題的解答方法，或是更好的解答。而犯意外的錯誤，正是在這樣的情況下發生的。這時候可以依照前項的敍述的，先作個記錄，或者回過頭去訂正它，也是一個辦法。

有許多非作不可的事時，內心便會爆發內部的戰爭，而妨礙到注意力的集中。以這種精神狀態繼續進行作業的話，只會降低效率，而且造成許多錯誤。

102 希望能想起忘記的事項，就應回到還記得時的狀態

「辛辛苦苦記住的東西，到正式考試時卻想不起來」，這樣的情況，對考生而言是最懊惱的事。因此，接著將說明如何有效地使記憶復甦的訣竅。

想起一件事，然後離開椅子，站起來想去做時，卻忘了要做的事。這是日常生活中常發生的情況。這時，只好再次回到椅子坐著想一想，「結果」就出來了！相信不少人有過這樣的經驗。這就是以還記得的環境，作為想起事情的線索。

在考場裡怎麼也想不起應該記住的公式等時，不妨想一下是何時、在哪種情況下記住它的。「的確是在公車上，對了！在通學的途中。是櫻花盛開的季節，我邊欣賞、邊回到書本上背公式……」，如果能想到這兒，就太好了。

人類的記憶的確是非常不可思議的東西，只要有想起的開端，那麼往往會突然撥雲見日，忘記的東西又在腦中清晰地顯現出來。反過來說，若能經常在腦中復習促使自己想起某事的開端的事物，就不必耽心會忘記了。

因此，一時想不起來時，最好回到記住它時的狀態，這麼一來，便有跡可尋，循序漸進想下去，便可豁然開朗。

103 想不起忘記的事情時，最好三十秒左右什麼都不要想

考試途中應該有記憶的東西，卻怎麼也想不起來時。若急著想要想出一點什麼來的話，反而愈是想不出來。因為長時間面對桌子、考試、答案紙，只看到自己寫的東西，所以思想、想像的型式也變得十分單調，在這種情況下，想，只是以同樣的想法來回兜圈子而已。這時候，停止思路、什麼都不要想，不失為一個好方法。

放下手上的筆，眺望窗外的景色，這樣即可給予感覺器官新鮮的刺激，因此不運作的記憶的回路，便開始運作。結果，想不起來的東西，常常就這樣顯現出來。

104 一時忘記時，再看一次題目往往可以得到暗示

我常常建議考生：「一時忘記的話，應再仔細閱讀題目。因為題目可以給你暗示，有助於想起忘記的事情，或者帶你進入導出該事情的氣氛中。」

看一下自己出的題目，便可了解這種情況。為了讓解題者寫出預期中的解答，所以就必需加入許多與解答有關的東西。若沒有這樣做，出題者的意念就會顯得不夠清楚。以上述的立場來考慮，出題者就得加入可使題目更清楚的所有條件。因此題目裡有時就含有解題的指南，所以一時忘記時，不妨再仔細閱讀題目，往往裡頭即含有幫助你想起來的暗示。

我認識的一位學生曾經談起他的考試經驗。他說考數學時題目最後寫著 a＞0，因而使他想起一時忘記的公式。因為題目有 a＞0 的限制，所以他便想到「a 不在大於0的範圍，公式則無法成立」，結果他便聯想出公式來。也因而提高他的數學分數。

105 想不出來時，試著想出它是在課本、筆記的哪一頁

想出忘記的事情，這種記憶的再生，猶如刑警追蹤犯人的工作。刑警以現場殘留的一點

線索為根據，漸漸地就能逮到犯人。想起忘記的事情的作業，也是以腦中殘留的線索為出發點。由此便可進入記憶的系統，因此是否能發現該線索，就成為記憶再生的重要關鍵。能給我們寶貴的線索者，正是教科書、筆記。

想不起突然忘記的事情時，首先，想一下該事情的資訊得自何處。是筆記、教科書、或者參考書，知道它是來自何處之後，接著再想一下它是在哪一頁。「啊！那一頁留有一大滴筆水的污漬」、「就是附有大張圖片的那一頁」等，讓腦中浮現出那頁的情景。

若能想到這兒，就太好了！之後，該頁的插圖、標題、版面等，便在記憶的體系中，一個接著一個地出現，結果應該是可以得到你想要的東西。由視覺獲得的記憶，比由耳朵獲得的還要強，所以便由它當作思考的線索。反過來說，平常就在課本、筆記的重要頁數裡作上記號、圖案，即可成為記憶再生的重要線索。

106 要想出一時忘記的公式、單字、人名、年號等，先回憶全體的型態

背英文單字時，有的人以口頭的方式邊唸邊記；有的人邊寫邊記，總之，記憶的方法各式各樣，不過最有效的記憶方法即是，啟動感覺器官，給予相當大的刺激，而使腦子對它們

印象深刻。

人類有視覺、聽覺、嗅覺、味覺、觸覺等五種感覺。但是，人類被稱為「視覺的動物」，正如這句話所說的，五種感覺中，尤其以視覺所受到的刺激，在記憶中占最重要的地位。例如，想想昨天一天之中做了什麼！首先進入腦中的應該是影像——公車站的樣子、司機的樣子、坐在椅子上背單字的女孩的樣子……。

考試時，想不起一時忘記的東西，或者覺得自己寫的答案似乎有錯，這時視覺的記憶，即可發揮意外的效果。例如：正確的英文單字應是 very，只要在腦中寫出來，即可了解。

想喚起年號、人名等記憶時，也是閉起眼睛，回憶一下它全體的型態。「一九六九年」，記它時大多是以四個字的型態一起記，而不是各個數字單獨記憶。因此回憶時也應回憶它全體的樣子。所以，平常就應訓練自己培養視覺性的記憶，這點十分重要。

107 忘記時，不妨以記得的時間倒過來追溯

要回想忘記的事情時，通常都是循著記憶的順序、時間先後，然後再漸漸想起來。但是，相反地，以記得的時間倒過來想，也同樣可以想出自己所要的東西。

例如，試著想想上週三自己究竟作了哪些事？若從星期一、星期二作了什麼事想起，再

想到星期三的話，倒不如以印象比較深刻的某件事的那一天為中心，然後再想想該事的前一天作了什麼！再前一天呢！就這樣推算過去，思緒反而比較暢通無阻。這種方法和依順序回憶的方法一樣，也是盡量追溯離忘記的事情比較接近的事件。這樣比較容易想出一時忘記的事。

依順序想、倒過來想，其實也不能說哪一種方法比較好。只不過是因人而異，有的人覺得前者的方法較能喚起他的記憶，有的人覺得是後者。重要的是，應該知道哪種方法適合自己。

當然，如果作了某種程度的努力依然想不出來，就不要再固執於該方法，也可以試試其他的方法。

如同醫生為了使喪失記憶者恢復記憶，因而試用所有刺激的方法，這種不行，再一個接著一個試試各種不同的刺激，往往可以得到極佳的效果。在作學問方面，也可得到證明。

108 為了使記憶復甦，試著敲敲頭也是有效的方法

使記憶復甦的工作，就好像從高如一座山的紙堆中，找出一張紙來。若這座山有其堆高的順序的話，只要依序一張一張紙地看，即可找到想要的。萬一沒有順序的話，只好從手邊

的紙開始翻起。

怎麼也找不出喚起記憶的頭緒時，就好像小鳥盲目地撞擊玻璃窗戶，以促進頭腦的爆發運動。也就是說，敲敲頭、嘴裡嘟嘟嚷嚷嘮叨個不停，試著促進頭腦的爆發運動。在進行的途中，即可找到需要的那張紙所混雜的那座山了，進而想起該從何處著手，然後就可以想起忘記的事情了。

看過以上的說明，也許有人會懷疑，使記憶復甦的工作，一定要經過那些程序嗎？然而，我們看來記憶似乎是否各自獨立，事實上，它們之間卻有我們不曾察覺到的微妙的聯結關係。即使找到完全不相干的紙山，但往往在其中找到你要的紙。同樣地，無意識地敲頭的行為，卻是你喚起記憶的關鍵。

109　突然忘記時，可試著在題目紙的空白處胡亂寫〇、△……等

以心理學方面來說，給予暗示的：「再次承認」與沒有暗示的「新生」相較之下，後者比較難想出來，且容易突然忘記。「從以下的答案中選出正確的」，這種問題，由於給予暗示，所以比較容易想起來，而「寫出以下的意義」，像這種沒有暗示的問題，就沒有喚起記

憶的線索，所以往往會令考生急躁不安。

這時再怎麼著急也是想不起來，因此不妨在題目紙的空白處胡寫亂畫△、○……等，有時會因手的感覺，而使記憶忽然復甦。

110 愈來愈想不出來時，不妨試著從注音符號的先後順序開始檢查

嚐試各種使記憶復甦的方法，但仍然想不起來，其實自己也不知道會這樣，不過，這種現象往往就像是滿滿一杯的水，將溢出來的情形，再滴下一滴水的話，也許杯中的水立刻就溢出來！換句話說，嚐試許多方法之後，即使還沒有想出來的話，只要再給頭腦一點刺激，應該可以使忘記的事情在腦中

鮮活起來。而注音符號就相當於那滴水，因此從「ㄅ」開始，依順序把注音符號投入記憶的杯中即可。

這種方法，對於突然忘記人名、事件名稱時，更可發揮其效果。

111 藉由手記住的知識，正式考試時最好也是由手想出來

我們要記住一件事情時，並不是只有動用頭腦，連帶所有的感覺器官也都總動員。例如背英文單字時，除了手要寫、口要唸、頭腦要記憶，同時，手和口也在進行記憶的工作。也就是，盡可能留下可使記憶復甦的線索，這樣才有助於想起忘記的事情。

記住的知識，如果上考場時怎麼也想不出來的話，可以說是毫無用處，不過，面臨這種突然忘記的情況，不妨動用一下那些感覺器官。手記住的知識，就由手來回憶；藉由口記住的事情，則由口想出來，這正是喚起記憶的第一步。

112 乘著解決幾個問題之勝勢，剩下來的難題也可以得到解決

面對考試問題時，先從簡單的著手，這是有效地使用有限時間的一大重點，想必大家都已經知道了吧！一開始作答就鑽研困難的題，而耗掉許多時間，這種作法的人，可見他對應試的技巧是一竅不通。而且，一開始就解決了簡單的問題時，也可以使考生放鬆心情，為了考量到這一點，所以一般來說，試卷的第一題通常是安排比較簡單的題目。

然而，先選擇簡單的題目來做，除了可以增加自己的信心之外，還可以促進解題的意願，也就是說，能夠引導自己去解決不會作而想放棄的題目——含有這一層更積極的意義。這就是大家所說的「乘勝追擊」、「打鐵趁熱」。作任何事都順利的時期，人們把它稱為「時來運轉」。

其實，心理一產生有利的因素時，接著會喚起下一個有利因素，進而引起連鎖反應，因此，就能發揮出十二分的實力。

解出一個問題時，還不能說是達到這種狀態，如果連續順利作出二、三個問題的話，那麼正是作困難問題的絕佳時機。

應考的訣竅⑥

惟有勇往直前才是致勝的對策

——從最後衝刺，至考取的印象訓練法的訣竅

113 考試前一天，熬夜唸書反而會得到反效果

考試前一天，有人認為應該作最後的衝刺，所以就把握最後的一晚，而猛K書。但是，我們姑且不論可以複習唸過的內容，這種作法反而會造成反效果。

傑金斯這位心理學者，曾針對學習與睡眠的關係，作了以下的說明：

「學習之後，立刻睡覺的話，往後的二個小時之內，記憶會有減少的現象，不過，接著就不會再減少了。相對地，學習之後一直沒有睡覺的話，經過八個小時之後，記憶會急速地減少，而且一直持續下去。」

也就是說，人類清醒不睡覺時，不管是處於哪種狀態，都會被眼睛所看到的、耳朵所聽的……種種的刺激所包圍，因此，即使是剛記住的事情，也會被這些刺激所掩埋，而使記憶漸漸變得不明確。

這麼說來，為了保存記憶，睡覺可說是非常有效的方法。長期累積下來的學習成果與考試之前的短時間內塞入的知識量比較起來，前者當然是大得太多了。因此，與其考試之前再塞入其他知識，倒不如想辦法保存已習得的知識，這樣才能期待好成績的出現。

由此可知，考試前一天犧牲睡眠，硬塞入其他知識的話，不僅靠不住，而且恐怕會損失

了以往習得的知識，這樣眞划不來啊！

114 寄宿的地方離考場稍微遠一些比較好

由於工作的關係，我常常外出到各地演講。該會場如果設有飯店時，我通常不會在那兒寄宿，而住到離會場稍遠的地方。因為會場和住的地方一起的話，我往往會睡到時間快到了才起床，這麽一來，一整天都覺得不舒暢。

考試時，應該也是同樣的情形。有的考生知道在考試的前一晚應該攝取充分的睡眠，第二天頭腦才能清晰，所以就在媽媽的陪同下，住到離考場比較近的地方，睡到考試時間快到了才進入考場，但是，這樣匆忙進考場，就需起床兩、三個小時之後，才開始充分運轉。而剛睡醒不久就這樣匆忙入考場，實在難以發揮實力。

所以，根據本人的經驗，我還是勸大家找飯店時，最好找在離考場稍微遠一些的地方。然後，考試當天早晨，五、六點左右起床，做個輕鬆的體操，再從容不迫地吃頓早餐，然後悠游自在地搭公車到考場。

公車的震動可以給頭腦適度的刺激，而且還具有穩定心情的效果。但是，在公車裡千萬不要拿任何書出來看，或背英文單字，這只會增加自己的緊張情緒。所以還是讓頭悠閑一下吧！以便在緊接著的考試能達到顛峰狀態。

115 睡不著時，不妨這樣想：「試試看究竟能多久不要睡覺」

失眠症，是許多為了考試而拚命唸書的國中、高中生的煩惱之一。他們經常這樣訴苦：「即使很想睡時也睡不著。不睡覺的話，就愈著急，愈著急便愈睡不著。」

不過，為失眠症而煩惱的人之中，有不少人卻是攝取了足夠的睡眠，但仍然認定自己得了失眠症。例如，起床時間都靠家人叫醒的人，家人看他似乎睡得很好，因而搖醒他時便說：「睡得不錯嘛！」他卻回答說：「才沒有呢！都睡不著！」最近類似這種情況而自稱失眠的人，似乎有愈來愈多的傾向。

反正又不會因為睡眠不足，而引起身體的毛病，若到了這個地步，身體方面自然就會攝取睡眠。所以，對於睡不著的情形，倒是不必太在意。不過，有的人認為不睡覺不行，因而失眠便引起急躁不安的情緒。而且愈急躁、神經愈興奮，當然就愈睡不著，這麼一來，就極有可能導致真正的失眠症。

也有人建議睡不著時，可以數羊、集中精神去聽秒針走動的聲音等，但這些方法都不能保證一定有效果。倒不如躺在床上時以「試試看究竟能多久不要睡覺」的心情去面對，反而容易入睡。

116 考試前一晚如感到忐忑不安，不妨看看電視等，可以使心情較愉快

出家門之前若和家人吵架的話，即使到了學校，總覺得心情還是無法暢快起來。對於課堂上老師講的笑話，會覺得「盡是些無聊的話」，而感到生氣，甚至對於隔壁同學不停地抖腿，也會感到厭惡、氣憤。總之，就是無法心平氣和地上課。

之所以會有這樣的情緒，當然都是源自於出門時和家人吵架的緣故。也就是說，不愉快的情緒已感染到老師說的笑話、同學的抖腿，不管是看到、聽到的都變成是不愉快的事。

心理學者把這種現象稱為「同情的同一性」，至目前為止，可分為負面的同一性與正面的同一性。考試考得很好時，對於上課老師講的內容便能完全理解，也不會去在意隔壁同學一直抖腿，而把注意力集中在課程上，這就是正面的同一性的例子。

面對考試時，若能以愉快的心情去面對的話，就能放鬆心情、集中注意力於考試上。因此，臨考前一晚，若感到忐忑不安的話，一定要找些可以令人愉快的事做做。例如，看看有

趣的電視節目也可以。

另外，如果夢見自己落榜的話，不妨在搭往考場的公車上看看自己喜歡的漫畫，也是紓解內心那份不安的好方法。

117 考試之前，不要說「反正」、「終究還是」……這些喪氣的話

無法順利讀下去時，往往就會出現一連串的喪氣話：「反正是不行了，終究還是不行！」「畢竟我沒有什麼能力！」「終究是比不上他！」「反正」、「終究還是」……這類喪氣話，常常會在考生唸書不順心時發出來，尤其，將面臨考試時，更容易從考生的口中說出來。

簡單說起來，這些話就是要讓「放棄」的心境合理化。不過讓我來說的話，我認為這些話有兩種含意：一為進行得很順利；另一個為進行得不順利。從「反正」、「終究還是」開始，到「畢竟」、「沒辦法」、「不得已」等這些字詞，說起來應該是放棄努力、停止思考……的意思，所以，把這些字詞掛在嘴上的階段，正是表示要把自己的缺點合理化，而卻一步也走不出這無形的外殼。

平常無意間使用的詞彙，其實都具有很大的自我暗示力，有正面的、也有負面的作用。

不過，如果在考前，你覺得自己總是差人一等、是個沒用的人，有這樣的感受時，「反正」、「終究還是」這種話只會使你更加沒信心，因此，這時首先就應該把這些喪氣的話從日常生活的會話中完全排除。

縱使腦中仍浮現這些話，但是只要避免實際使用，漸漸地，仍可以使你恢復自信。

118 考試前一週，不妨依照考試的分配時間來唸書，這樣就可以體會正式考試的臨場感

我們人類將著手做一件事情，如果覺得對它非先有個了解不可時，往往就會造成生理上、心理上的不安。

考試所帶來的不安，也是屬於同樣的情形。因此，考前先假定正式考試的情況、先演練一番，進而能夠感受到正式考試的真正情形，這樣做有助於消除心裡的不安。

例如，第一天考三科、考每科的時間是一個小時，因此，在正式考試的前一週，就依照考試的順序、時間來唸書。

這麼一來，就可以感受正式考試的時間分配、以及限制時間的情形，而且不僅可以掌握住這些要點，另外在這段時間內，自然就會養成集中精神的習慣。

119 習慣熬夜唸書的考生，在考前一週應改成白天唸書

接近考試時，習慣熬夜唸書的考生，就非得改成白天唸書不可。但是，若急速改變的話，白天則會頭昏腦脹、哈欠打個不停，而無法專心唸書。

某公司要把夜勤人員調到日勤時，是把勤務時間慢慢挪動，一天挪動二小時，經過六天之後，就挪動了十二個小時，也就是把晚上的勤務時間完全調成白天。習慣熬夜唸書的考生，也並不一定得如前面所說的，一天挪動二小時，不過，在考試前一週左右，的確要開始慢慢地轉換唸書的時段。

120 考試前一天比平常還要早起，晚上就比較容易入睡

考試前一天晚上應有充足的睡眠，這對考生而言似乎是一種脅迫的要求，是在不勉強的情況下做到，才是最佳的方法。

有人認為考試前一天，不要太耗費精神、不要太疲勞、不要用腦過度……總之，就是認為前一天應該好好休息，果真如此嗎？其實要考生真正休息，哪是不可能的，因為考試即將

來臨，他怎可能安心休息。要他休息，頂多是合上書本，但是想必是在家晃過來又晃過去，而無法定下心來。與其這樣晃來晃去，倒不如充分利用這一天，也就是說達到適度的疲勞，晚上自然就比較易入睡，而能夠熟睡到天亮。

因此就必需稍微計劃一下該做哪些事。首先，比平常早兩個小時起床，然後作最後階段的複習，或者乾脆不要碰書本，和家人一起遊玩，只要能充分使用這一天，到了晚上自然就可以睡一頓好覺。

考試之前，還是習慣晚上唸書、白天睡覺，而改不過來的人，更需要嚐試這種方法。這種方法雖然不是要求第二天早上就得特別早起，不過，起碼不會再睡懶覺。

只要能充分利用這一天，雖然沒有特定的方式，不過最好是散散步、做做輕鬆運動，儘可能讓身體動一動。

121 考試前一天，不妨想想自己已考取的情景

心理學上有「精神上的預習」這個名詞。意思是指，以催眠誘導的方式，預先在腦中想像自己已是勝利者的光榮情景，藉由這樣的想像，可促使自己像個勝利者般充滿自信。

利用「精神上的預習」，使表現不佳的女子體操選手恢復自信，結果真的成為優秀的奧

林匹克選手，有不少這類的實例。因此，只要善加利用考試前一天的情緒，一定可以在正式的考試中得到很好的成績。

首先，檢查一下有沒有忘了什麼，然後走出家門、邁向考場。接著核對准考證的號碼、找到自己的位置入坐。考試開始了，對於每個題目都能鉅細靡遺地回答……考試結束，現在可以回家了。回家等放榜，結果在榜單上找到自己的准考證號碼，真令人高興不已……，考試前一天不妨仔細想想應考的每一個步驟以及有很好的結果，這麼一來，不知不覺間你可能就變成一位真正的上榜者喔！

因為經過上述的想像之後，考試當天對你而言，只不過是再一次重返光榮之道，當然是信心十足囉！而其他的考生邊考試要邊耽心是否考得上、有沒有希望……，相較之下，你當然是居於壓倒性的優越地位。且在信心十足的情況下，絕對可以把實力發揮得淋漓盡致。

122 考試當前，與其複習困難的應用問題，倒不如徹底地複習基礎問題

「只剩十天而已！」當正式考試的日子愈來愈逼近時，有不少考生會盡量練習正式考時有可能出現的應用問題。但是，大家只要稍微想便可明白，應用問題的範圍太廣、題目多得

數不清，即使在考前拚命作練習，畢竟也是九牛之一毛。與其這樣不著邊際地作，倒不如把重點放在各教科書一定會出的基礎問題上。

另外還關係到心理方面的問題。致力於練習種種例題錦集，雖然不錯，但是作應用問題時，常常會碰壁碰得灰頭土臉的。而且縱使大致都會作，但是幾百題中如果有一、兩題不會做的話，那可就是非常嚴重的事囉！

因為考試在即，而自己又有不會作的問題，這麼一來，便對心理造成極大的壓力，而產生焦慮、不安。這時候，不妨把複習的重點移到基礎的題庫上。

所謂的「基礎的題庫」，就是不管數學也好、英語也好，都是為了理解它們基本的公式、文法而編成的題庫。如果不懂這些基本的知識，其他的就更不用談了。而為了培養解應用問題的實力，也必需從這些基礎開始。對於基本問題都能瞭若指掌的話，不僅能夠因此產生自信，而且也培養出應用的能力。

123 自己整理的重點筆記，考前更應該善加利用

接近考試時，常常可以在書攤上看到形形色色的考前重點整理，例如「考前一週的重點整理」、「考前三天的最後衝刺」……等等。這些考前重點，的確也有專家鉅細靡遺整理出

來的，所以，對於考試在即的考生而言，就像「救命良藥」，難怪他們會趨之若鶩。

但是，相信每位考生一定都有好幾本自己整理重點的筆記，而在考試當前，捨棄自己辛苦整理的筆記，換成新的重點手册，在我看來就像是捨棄記憶的線索一般。因為「記憶」這種東西，必需一次又一次反覆地記憶，才能夠強化它。然後，一旦要用它時，都是藉由反覆刻劃在腦中的記憶的痕跡，才使我們能夠想出來。然而，捨棄追溯這些痕跡的線索，而想要喚起記憶的話，就必需花費較長的時間，或者根本就無法使記憶復甦。

因此，考試當前我之所以建議考生與其再記憶新的重點，倒不如複習自己整理的重點，主要的原因就是讓考生再次確認自己腦中記憶的線索，這麼一來，便可以使自己唸書時歸納整理的重點筆記發揮最大的威力。而即使別人整理的重點手册再好，畢竟只是刻劃在他人腦裡的線索，正式考試時，對自己來說應該是幫不了什麼忙。

124 接近考試時，不妨在腦中採取自問自答的方式，以強化記憶

一到考季，在圖書館、K書中心等處，都可以看到面前堆滿參考書、筆記的考生的模樣，他們一頁又一頁拚命地翻書，眼睛目不暇給地看著一行又一行的文字，但是，這樣究竟能

讀進多少知識？存留在腦中的又有多少呢？

看到這樣的情景，使我想起高中時代一位非常優秀的朋友。一到考試之前，他和其他手總是不離書本、筆記的同學成了鮮明的對比，因為他反而不像平常一樣看書、筆記。最初我以為他只不過是故意虛張聲勢，讓別人認為他不必臨時抱佛腳也一樣可以考得很好。不過，後來由小地方我才發現到他這段期間，其實比其他的同學還努力地進行強化記憶的工作。

他之所以不看書本、筆記，是因為他把以往唸的東西、以及在參考書看到的內容，在腦中自問自答、自答自問，如此一次又一次進行反芻的工作，以便讓記憶能夠徹底再現。而且透過思考的工作，讓記憶的痕跡在腦海中刻劃得更深。他這種反覆自問自答的方法，對於動不動就忘記的我們，的確具有相當好的效果。

125 即將考試之前，記憶新的知識，反而會得到反效果

考試的日子愈來愈接近時，總會覺得「這個必需記住、那個也……」，因此，就開始猛背下來沒有從看過的英文單字、數學公式……。但是胡亂塞入新知識，以心理學上來考量，也不是很好的對策。

大家不妨想一下，當你要喚起記憶時，首先會怎麼做呢！「靜靜地閉上眼睛」，應該有

不少人都是這樣吧！因為這是最自然的作法。所謂的記憶，當具有強烈印象的新刺激闖進來時，以往積存的知識就會漸漸淡化。

尤其是眼睛，正如「百聞不如一見」這句話所說的，它是人類的五感中最強烈的部位。我們想事情時之所以要閉上眼睛，主要就是為了隔絕容易妨礙過去記憶再現的強烈刺激。而新的記憶削弱舊記憶的現象，心理學上將它稱為記憶的抑制效果。

準備考試也是同樣的情形。有鑑於上述的原理，即將考試之前拚命塞入各種新的知識的話，之後就很難喚起積存在腦中的重要基本知識的記憶，這真是得不償失。

若你發現新的知識非記住不可時，那麼就應該配合其基本的公式、句型一起記憶。

126 反覆看模擬考時作錯的題目，可說是最後的完成階段

積存下來的模擬考卷，也許到處「傷痕累累」也說不定！但是，為了在正式考試上獲得最後的勝利，只好再觸及這些舊傷。

想必每位考生的模擬考答案卷上，都有傷痕吧！而且一翻開答案卷，那些劃著×的舊傷便矗立在眼前。但是，只要仔細觀察這些舊傷，找出治療方法，且得知自己的弱點所在，想必就有自信下次不再受傷了。

仔細看過模擬考卷之後，你一定可以發現到有些題目老是一錯再錯。因為，當你把一個題目的答案誤認為錯誤的那一個時，即使後來也訂正過，但是你往往沒有把正確的答案輸入腦中，而腦中殘存的依然是錯誤的。所以複習模擬考卷時務必把自己的盲點找出來，如此才能收到實質的效果。

127 即將考試之前，應該再次確認記憶的線索

我們記憶一項知識時，並不是依照原來的形式「生吞下去」，而是以自己的話，將它重組、記號化……等，變成簡單的記憶形式積存起來，以便必要時能夠很快地運用出來。

這種情況就是相當於把資訊整理得井然有序，再放入腦中的抽屜。但是這些記憶的每一部份，並非總是再現它們的表面即可。良好的記憶，在變成自己的知識過程中，必需找出例如索引化的文字的線索，以作為腦中的抽屜的把手。例如，我的演講也都經常依賴這種方式，縱使我要作三十分鐘以上的演講，只要事先作一、兩句話的記錄就可以了。也就是說，以這一、兩句話作為線索，便可以追溯腦中所記憶的東西。

準備考試時也是同樣的情形。特別是沒有意識的情況下，記住的方式常常是以語言、情景等，作為必要時使記憶復甦的線索。以此線索為開端，之後詳細的部份便能陸續湧出來。

即將考試之前，若再急於記住眼前的知識，根本是在浪費時間。這段時間應該把以往作的筆記、備忘錄等記憶的線索有意識地再確認一次，使它們能夠在正式考試時發揮最大的效果。是否能充分掌握這些線索，可說是勝敗的關鍵所在。

128 考試之前，集中精神於容易顯出效果的背的知識，即可增加閱讀、推理的能力

即將考試之前，以短期內可提高效果的背的知識為準備的重點，這是應考的一般常識。那麼，考試的日子愈來愈接近時，由於閱讀、理解能力需要長期的訓練，所以只好放棄囉！其實，絕對不是那麼一回事。

因為短期內即使只致力於背的知識，透過它也有助於提高理解、閱讀的能力。其理由有二。

一為，透過容易提高效果的作業，可得到完成感、自信，而對於其他作業能力造成良好的影響，這是人類心理的通則。例如，棒球比賽之前球員都會先進行自由打擊練習，除了可以掌握打擊的感覺，同時噼啪的威勢，也能夠提高正式打擊、守備時的自信。

即使是鋼琴的練習也是同樣的情況，較困難的指法訓練的空閒時間，一定會先讓練習者

彈彈輕鬆、簡單的曲子。其主要的目的都是藉著馬上能看到效果的作業，以提高自信，接著才有信心去做更難的作業。

另一個理由是，即使是背誦、默記，進行時也必需知道其全體的文脈、理論。因此，背誦的同時，常常也可以訓練閱讀、理解的能力。

129　對於有些沒唸到的部份，而又非記住不可時，逼不得已只好死背起來

即將考試之前，若覺得這個也沒唸、那個也沒讀，而一直記憶新的知識的話，以記憶的原則來說，反而會對以往的記憶造成混淆。

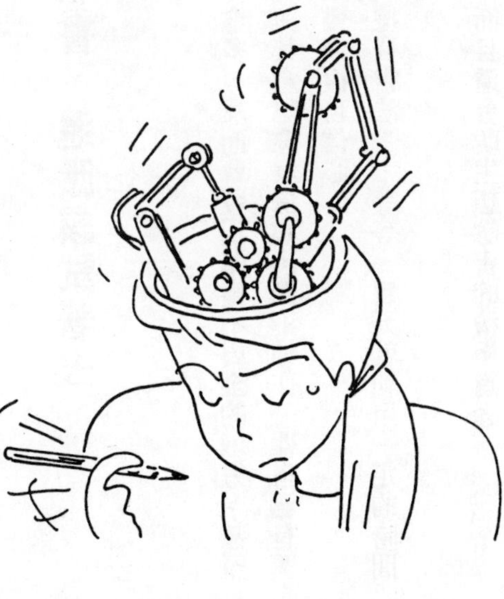

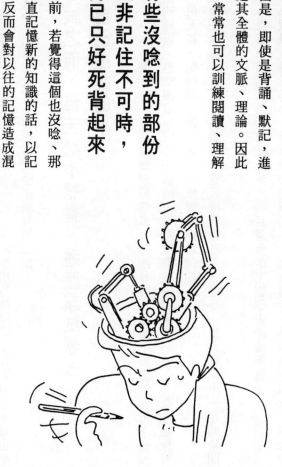

但是，難免會看到非記住不可的知識，這時候只好不要去理解它、機械式地將它死背起來。由於這種方法很難連想、理論的本質結合一起，所以無法長時間停留在腦中，不過也是以應付眼前的考試。而且也比較不會影響到腦中原有的記憶。

130 即將考試之前，每天除了唸書，還應該試著去做一件自己擅長的事

考試的腳步一步一步接近時，總覺得複習得愈多，反而會發現準備不周全的地方。甚至，對於自己擅長的科目，也變得毫無信心。這時與其愈唸愈沒信心，倒不如作一件自己有興趣或專長的事。每天花一點時間來做，便可以慢慢恢復自信心。

例如，有人擅長珠算、有人擅長機械、有人擅長書法……等等，每天就利用一定的時間做自己擅長的事。

這麼一來，不僅具有消除緊張的消極作用，而且還會萌生想唸書的積極意念。

這種現象，心理學上將它稱為「自信轉移的原則」。加強對於一件事情的自信，不僅對該事情有自信而已，連帶地對其他的事情也會產生自信。由這項原理來說，不管在任何領域，只要從有自信的部份開始進行，這份自信便會慢慢擴展到其他的領域。

唸書的領域應該也是同樣的情形。所以當你唸書唸得愈來愈沒自信時，不妨去做件自己擅長的事，以喚回自信心。

131 通往「考取」之道的最短路程即是，持有「一定考取」之信念

這是一種自我暗示的方法。自己必需一直往好的方面去想，認為自己「一定辦得到」，這麼一來，便可以將自己的潛在能力充分發揮出來。相反地，一直認定「我不行！」的話，原來擁有的能力便會自行枯萎了。

考試時，若一直以自己一定會考取的信念去面對它，相信這是通往考取之道的最短路程。因為藉由自我暗示，常常可做到超出自己能力範圍的事情。所以只要持有堅強的信念，即使是應該解不出來的高難度問題，也會讓你找出解決的關鍵。

132 即將考試之前，當你不再到處「求神保佑」時，表示你已經產生真正的自信

每年一到考季，各地的寺廟就會有不少考生湧入拜拜，以祈求神明保佑。其實，家長、考生的這種心態，主要是求得心安。

當考生感到極度不安時，「求神保佑」的確也是穩定心情的一種方法。但是，考取與否還是得靠自己的實力。所以，一個勁兒地到處拜拜，表示你對自己沒有信心，應考的禁忌之一就是對自己沒信心。

因此拜拜求心安之外，最重要的還是要對自己有信心。當你不再到處求神保佑時，即表示你已經產生真正的自信來，也意味著你正大步地邁向勝利之道。

133 「當時若能更用功就好了」，與其這樣後悔，倒不如把精神集中在最後的複習階段

「那時候如果不要貪玩的話……」、「當時如果能更用功，不知該有多好！」……，到了即將考試之前，考生愈容易產生這些後悔的心態。

但是，這種後悔的心態可說是一點意義也沒有，只會對考生的心理造成負面的影響。因此，與其在那兒後悔自己過去沒有好好把握時間、不用功……，倒不如把精神集中在最後的總複習階段，這才是有意義的作法。也許別人也和你一樣正後悔不已，而如果你能掙脫這種

後悔心態，集中精神作最後的衝刺，勝算豈不更大了嗎！

134 先習慣正式考試的答案用紙，可防止緊張、怯場

引起怯場的心理危機的原因之一為，「對於不知道的事情產生的不安」。因此，為了去除這種原因，就必需儘可能去了解考試時不知道的部分。最好的辦法是知道考題將出哪些題目，不過，這是不可能的事。所以，退而求其次，先習慣正式考試的答案用紙，也是一種不錯的方法。

在市面上可以買到由過去考試影印出來的答案用紙。平常唸書時不妨就試著使用這種紙。依照它的格式來寫，習慣之後，正式考試時即可減少怯場的心理。

135 學校、補習班舉辦的模擬考試最好都參加，相信在正式考試時一定可以得到意想不到的效果

學校、補習班的模擬考試，大多是依照正式考試的時間、科目來進行。所以正式考試之前的模擬考試，勸各位考生務必要參加。

一來，可以大致了解正式考試的情形，以免到時候不知所措。二來，對於那些天生會怯場的同學更是有益處。因為多次的模擬考下來，使大家了解考場的氣氛、型態，到正式考試時已非常習慣考場的種種情形，因而就不會再輕易引起怯場的心理。

所以，為了使自己在正式的考場能夠充分發揮實力，應該多參加考前的模擬考試。

應考的訣竅⑦

依自己的志願順利考取的得分術

——從選學校、科系，至考前猜題的訣竅

136 及早決定自己的志願，是考取的第一步

沒有目標的努力不僅無味，而且空洞。關於這方面，以下有非常有趣的實驗資料。把學生分成二組，對其中一組明確指定考試的日期，另外一組則告訴他們要選某一天來考試，但沒有確定是哪一天。

在這樣的情況下進行考試，兩組的題目完全一樣，不過可以發現到明確指出考試日期的一組考得比另一組好。企業方面進行的目標管理方式，也是基於能找出目標的話，即可提高作業效率的心理學理論來觀察。

總之，人類如果沒有立目標的話，就無法訂計劃、付諸行動。沒有目的的行動，只是在黑暗中反覆摸索，這樣只會帶來焦慮和空洞。準備考試也是同樣的道理。能及早決定自己的志願，便可提高唸書的效率。

137 應該把志願訂得比自己的實力稍微高一些

某職業棒球的領隊曾說過：「長期下來一直只是個預備球員的隊員，即使有非常優秀的

教練來教導他，他仍然是不行的！因為他的心中早已認定自己畢竟只是預備球員，根本無法當上正規球員，這麼一來，他的技術當然是不會有所進展的囉！」

準備考試也可以說是相同的道理。目標訂得太低時，「算了！根本不需要太用功！」會產生這樣的心理，果真你的程度就會止於這裡而沒有進步。因此，為了提高自己的程度，在自訂目標時，不妨訂得比自己的實力稍微高一些，這麼一來，就會產生一股鞭策自己進步的力量。換句話說，這種方法就是提高自己實力的訣竅。

138 即使在學校的成績不好，仍然有考取的機會

即使在學校的成績不好也不要氣餒，仍然有考取的希望。考試放榜時大家常常可以看到，被大家認為一定會考取的人，卻落榜了，而沒有人看好的人，反而順利上榜了。一般人喜歡把後者稱為「黑馬」。

學校的成績不好，也許只是剛好出題的方向與你準備的不同，或你不習慣學校的考法，也許正式的考試正適合你也說不定，所以別太早放棄、太早下定論。說不定放榜時你就是一匹「黑馬」。

139 應考時是熱門的科系，但畢業時也許已經不是了

與我同年考大學的朋友中，有人因為不知道以後要從事那方面的工作，而選了統計系。當時有人笑他，與其選這種冷門的科系，倒不如不要唸。結果，在今日迎接電腦的時代，他唸的科系卻搖身一變，變成熱門的科系。而當時被看好的纖維科系，反而因化學纖維的發達而冷卻下來。

研究青少年職業意識之發展的兩位學者——金茲巴克、蘇帕，曾發表其研究結果。「決定以後的出路時，年紀愈小的青少年，愈容易把重點放在自己的興趣、能力上，而忽略了社會的價值、訴求的程度等現實的一面。」

由以上這段話可以了解，選學校、科系時，除了自己的興趣、專長之外，還得考慮到社會的價值觀訴求的程度等因素。打算將來從事哪一方面的職業、而該職業將來有什麼樣的價值、還有該職業將來的勞動市場與目前的情況將會有什麼不同……等等，「將來」的社會評價方面的各種現實問題都必需列為考慮的範圍。

現在，競爭率高、大受歡迎的科系，並不保證將來仍然非常熱門。

140 選大學時應該選擇沒有偏差値的講座及教授

日本目前「非上東大不可」的人，據說日漸減少。由此可知，考生在塡志願時已能發揮其自主性。對教育者而言，的確是件値得高興的事。

前幾個志願的有名大學，裡頭的確有不少有名的教授，但是一般給予極高評價的教授，與在大學裡能給學生充分指導的優秀教授自然會有所不同。因此塡志願時，並非一定要以有名的學校為目標，而是應該以該校的學風是否適合你、對自己作學問是否有正面的影響等，作為考慮的因素。

141 不易擠進去的大學中，仍有容易考取的科系

只要是考生，相信每一個人都希望能夠輕輕鬆鬆準備，就能夠順順利利考取。但是，並非每件事情都能盡合人意，重考好幾年的人，大有人在。其實，直走行不通的話，不妨繞一下彎道，最後仍然可以到達目的地。

例如，你極想上某所大學，但分數又達不到想唸的科系，這時候不妨先選擇比較容易進

入的科系，進了該所大學之後再轉系。

142 較乏人問津的科系，都是你擠入大學的「洞穴」

聯考出來的成績不夠理想的話，填志願時就得費一番心思。首先應該仔細看過全部考生的分數的分佈資料，就可以知道自己是屬於哪一個層級，然後選出有可能進入的學校、科系來填寫。

即使是一些冷門的科系也不要放棄，因為它可能正是你擠入大學的「洞穴」。如前面所說的，等進了大學之後再想辦法轉系。這也是進入大學的一種途徑。

143 塡寫志願卡時務必小心謹慎，以免遺憾不已

放榜時，對於自己上的科系感到大惑不解；甚至自己的分數一定會上榜，但榜上卻無名，原因大多出現在塡志願卡時不夠小心、謹愼。

在我們台灣是先收到成績單、塡志願，之後再放榜。主要是讓考生依自己的分數來塡寫可能上的學校、科系。但放榜時卻有不少考生發現考取的學校、科系並不是自己所塡的，或者是最後幾個志願，而自己的分數應該可以上前幾個志願才是；甚至應該會上榜的，結果卻落榜了。而志願卡又是以電腦處理，大致上來說極少發生錯誤，因此錯誤大多出在考生塡寫時。所以塡寫志願卡時務必小心、謹愼，以免造成無法彌補的遺憾。

144 時事以及學問領域中出現新的學說或學說改變，都極有可能成為命題的焦點

時事考題的出現，尤其以社會科最常見。因此考生每天拚命唸書之外，還得留意一下時事，以免白白送掉分數。

而物理、化學、生物等自然學科的領域中，如果出現新的學說、或學說有所改變，都極有可能成為命題的焦點。例如，生物學中受注目的「DNA」、熱力學中成為話題的「熵」，這麼一來，它們就極有可能成為明年的考題，即使沒有出的話，也會出現與這些學說有關連的考題。

其理由之一是，對考生而言也許一生只接受這麼一次大考，但對出題者來說，考題卻是每年都必需出的。而出題者也是人，所以每年反覆出同樣的東西，難免會感到千篇一律、厭煩。因此一有新問題出現，往往就成為他們參考的對象。

出題者這種心態，尤其在很難有新學說出現的自然學科，表現得更強烈。所以，一有風吹草動，都會讓他們迫不及待地想列入考題。結果，就如前面所說的，考生就可以在試卷上看到新的知識、學說，或與它們有關的考題。

因此，基於出題者的心態，除了需熟讀教科書，也必需注意與時代潮流有關係、成為熱門話題等事件，它們常常都是命題的焦點。

145 報紙、新聞是了解時事的管道之一

有的考生每天除了唸書之外還是唸書，對於其他的事一律視若無睹。認真唸書固然是好

現象，但偶爾還得留意一下，因為如前面所說的，它們極有可能成為考題的重點，甚至出的題目比你所唸的書還多也說不定。

所以除了唸書，還得關心一下時事、時代潮流、目前的熱門話題等。而報紙、新聞就是非常好的管道。如果你覺得每天看新聞非常浪費時間，可以拜託家人幫你把重要時事畫出來，這樣就可以節省不少時間。另外，報紙上的社論也可以反應出時事、時代潮流的部分情形，另一方面還可以培養思考、寫作的能力，所以，每天花幾分鐘的時間把社論唸幾次，也是不錯的方法。

146 即使考上學校不十分理想，仍然應作好「人生的規劃」

最近的學生，似乎不太重視自己將來「人生的規劃」，也沒有意識到其重要性。尤其考上某科系的同時，除非重考，否則大致上來說，已決定了將來就業的方向，雖然有些人從事的工作並沒有與自己所學的有直接關係，但人數畢竟不多。大部分的人都希望能學以致用。因此考上大學之後，不管是否合乎自己的理想，事先作好人生的規劃是十分重要的。即使想轉系、重考也得好好計劃一番，才不會浪費太多寶貴的時間。

畢竟年輕只有一次，唯有善加把握、好好利用，才不會留下太多的缺憾。

147 儘量找出過去四、五年來的考題的出處

不只是國文古文、英文、其他科的考題，也都一定有其出處。作最近四、五年來的考題時，不是光知道其答案、會算就可以了，還必需確實知道它們的出處。這麼一來，大致可以知道出題的重點所在，知道出題的傾向之後，唸書時便可以節省時間、提高效率。

考試，好比是與出題者打一場仗，若能摸清對方的底細，當然勝算的機率就大大地提高。這正是所謂的「知己知彼百戰百勝」。

148 出題的傾向大約是三年循環一次

觀察大學的入學試題可發現到，今年的考題與去年的考題幾乎沒有相同的題目，不過，與三、四年前的考題，常常只是形式變化一下，而本質大致相同。

針對出題者的心理而言，去年出過的題目，今年再出的話，難免會覺得不妥，但出四、五年前的題目，又嫌太老舊了，因此，往往會以三年一次循環，為出題的傾向。一來，題目不新也不舊；二來，考生比較不會去留意幾年前的考題，所以教授出題時比較安心。

149 有一定出題的範圍，比較容易考前猜題

入學考試與學校所舉行的期中考、期末考不同，因為它沒有「考試範圍」。是以「以往到目前所學的為範圍」，這種說法，當然是等於沒有範圍。

而且，最近的出題傾向並不僅限於課堂上學習的知識，更廣及世界性的新聞等現代社會特有的現象，均有可能成為考題。因此，對考生而言，想預測考試將考什麼，有如海底撈針般的困難。

不過，觀察過去的考題，仍可找到每年一定會出現考題的部分範圍。以國文來說，閱讀測驗總是離不開幾位有名的古文作家的文章。社會科的題目較好抓，除了時事較難掌握，其餘只要能融會貫通書本的內容，應沒有多大的問題。自然科的話，有幾個基本實驗，常常是考題的重心，只不過形式稍加變化而已。數學也會出幾題基本概念的題目，只要好好把握，這些基本分數都可以輕易取得。

所以，有一定出題範圍的部分，比較容易猜題，分數當然也較易取得，考生非得好好把握不可。

150 為了提高作文的可讀性，平常看到好的格言、名句時，應該記錄下來

作文，常令許多考生感到頭痛不已。往往一看到作文題目，便開始發呆，而不知從何下筆。相信不少考生都有過這樣的經驗。

作文能力應該從平常培養起。若知道自己的寫作能力不好，平常看到格言、佳句，就應該勤作筆記，將它們記錄下來，而且要背起來。寫作文時才知道如何運用，一派上用場，相信一定可增加文章的可看性。而且作文占的比例非常大，所以，可以說它經常是勝敗的關鍵所在，一點也不為過。

151 首先找出一科自己比較擅長的科目，如此可激自己唸其他科目的意願

由於某一科出乎意料之外，得到很好的成績，因而對其他的科目也激起想唸的意願。你是否有過這樣的經驗。

這種情形就稱為「自信的擴大效果」。擅長的，看得到很高的分數之後，便會更仔細去理解該科的內容，愈鑽研便愈有興趣，因而唸其他的科目也會萌生「興趣」、「愉快」的感情。這正是自信擴大的效果。

152 即使是不感興趣的科目，也可以成為「擅長的科目」

正如「唯有愛好才容易精通」這句諺語所說的，對於自己喜歡的科目，唸起來總是非常有勁，而且成績也會隨之進步神速。

相反地「因為討厭所以笨拙」，卻不能這樣一概而論。試著調查討厭的原因，可發現到往往是因為不喜歡教該科目的老師、不愉快的經驗、由於極乏味的事而掃了興……等因素，而抹煞了難得的能力。

認定成績不好的科目，就是自己的弱點、自己的能力不足的人，不妨試著再調查一下自己為何不喜歡該科目、原因是什麼？也許會意外發現到該科根本沒有什麼令人討厭的，因而成為擅長的科目也說不定喔！

153 不擅長的科目，反而有可能是最擅長的科目

據說古希臘有名的雄辯家——帝模斯泰利斯，他在孩童時代，卻為嚴重的口吃煩惱不已。不過，由於他不斷的努力，不僅完全克服了口吃，進而還成為有名的雄辯家。最初他的動機只是希望自己能夠和常人一樣地說話，因而他開始為此目標而努力，努力的結果，使他不僅能夠和常人一樣，而且隨著努力成果的奔騰、高昂氣勢，更使他突破一般人的水準，而達到高水準的地位。

這種欲彌補弱點的傾向，有時不僅彌補了缺點，進而還超越一般人，以專門用語來說明該現象，就是所謂的「過補償」。

總之，對於認為「不擅長！」「反正怎麼做都不行！」的事物，欲克服它時，一旦超越那條界線，接著就有可能向上飛躍，而超越一般人。

當然，這種情況也適用於讀書方面。像帝模斯泰利斯一樣，例如，英文最令你感到頭痛，不過只要你下定決心一定要達到及格的標準，這麼一來，努力的結果往往不僅及格而已，甚至進而超越其他同學。總之，不擅長的科目，反而變成最擅長的科目。因此，不要輕易放棄任何一科，只要肯下功夫，它們都有可能成為你最擅長的科目。

154 把不擅長的科目擱置在一旁，「不擅長」便會傳染給其他科目

有人常常這麼說：「因為不擅長某一科，所以成績不好。」由於不喜歡教那一科的老師、那一科偶爾考不好，因此就產生無聊、乏味的心理，而不肯下功夫去唸該科，結果，成績當然不好。這種心理若只止於一科的話，那還算輕傷，嚴重的是極有可能擴大至其他科目，而喪失唸書的意念。

這種情況，我們可以拿現代許多的肥胖兒童為例。

肥胖的兒童，由於身體的動作比較遲鈍，所以不喜歡運動、遊戲，結果，往往首先就對體育喪失興趣。而這種喪失意願、無力的狀態，有時候會蔓延至其他科目。因此，正如大家常說的，肥胖兒童就等於成績不好的表徵。

這樣的心理，不僅表現在平常的成績，正式的考試當然也會出現同樣的心理。總之，不擅長科目的「不擅長」心態，的確會傳染給其他的科目。而且，以考試的總分來看的話，不擅長的科目的分數也確實會影響到其他科目。所以一開始就把自己不擅長的科目擱置在一旁，絕對是不智之舉。

155 克服不擅長科目的捷徑是，從一年級的教科書開始複習

某位高中的老師曾提到，有位學生在書房的書桌前、書桌後的書架上放滿擅長及不擅長的科目的各類書籍。總之，對於不擅長的科目，他便試試各種克服的方法，因此在書桌前置滿相關的書籍。相反地，對於擅長的科目，就買了許多相關的課外讀物之類的書籍，放在書桌後面的書架上。

針對這種情況這位高中老師也指出，買了一堆關於不擅長的科目的參考書、題庫，無非是求個心安罷了！因為買了這麼多本，最後往往連一本也沒看完。

其實，想克服不擅長的科目，首先應該從一年級的教科書開始複習，儘管是多麼簡單，也必需再作一次的總複習。無論如何，非得再次確認基礎的知識不可。

複習一年級的教科書時，相信每位學生都不需要花太多的時間，就能順利複習完。而且作練習問題時，也一定能夠輕易得到滿分。這麼一來，便能夠慢慢培養出自信來，趁著已產生的自信，再繼續努力複習下去，相信必可飛越不擅長之高牆。

156 不要去想會不會考上，而應該先考慮到要從哪兒開始唸起

膽怯、缺乏自信的人，常常會認為自己「反正是不可能進大學的！」「今年是沒希望了！」有了這樣的心態之後，往往會把最初想唸書的意願給否定了。結果，只會漸漸縮小自己內部的精神能源。

最後，便不願意著手準備考試，或者根本不去考慮自己該怎麼做比較好，只是沒有意義地浪費時間。

與其先考慮到結果、設想自己到底會不會考上，而自尋煩惱，倒不如先想一下目前應該先從哪裡開始準備。調整心理的環境之後，為了把自己置於起始點的台上，便會提高內部的能源。

總之，無論如何一定要好好安排唸書的計劃，決定從哪一部分的教科書開始準備。

當然，最初決定的方法也許不是很好，不過，嚐試幾次錯誤之後，必可找出平坦的道路來。

157 陷入低潮時，不妨試著把已經看完的參考書、筆記堆在面前

「低潮」是準備考試時的伙伴，可以這麼說。也可以這麼比喻：「高原現象」中，某項工作滯礙難行而處於漲落不顯著的狀態時，「低潮」就為了做下一個大跳躍前的準備階段。因此，絕對不可以悲觀。不過，問題是低潮會使心情繼續惡化下去。繼續下去的話，不僅會喪失自信，而且為作下一個大跳躍的動作儲備的能源，往往也會用到無益的地方。

而喪失自信的一大原因，不僅是對於自己的過去、將來產生不信任感，甚至，對於好不容易走到這個階段之前的成長情形產生懷疑，這麼一來，也懷疑以往所唸過的東西，結果連目前的實績也變得模糊不清。

為了脫離這種狀態，就有必要對於過去的實際績效，作一番冷靜的評價，因此，不妨把已經唸完的參考書、筆記本……等，可以代表過去的實際績效的東西，一一堆在眼前。

確實感受到自己過去的實際績效之後，心裡必然會湧現完成的喜悅，這麼一來，自信便可漸漸復甦，而趕走低潮。

158 每天能持續看相同的科目，即使只看一科，仍然可培養出作任何事情的耐力

準備考試時，如果沒有耐心、毅力，結局往往是「反正不行嘛！」而感到更強烈的失望。不少考生準備考試準備到最後，便陷於這樣的僵局。因而有考生來找我談，在交談的過程中，他們一定會問我：「在日常生活中，老師有沒有哪一件事每天都持續不斷地做？」聽到學生這麼問，即使是小事情，或者是沒有意識的事，我也要想出每天都持續做的事情。

這麼一想，我才發現到人類每天持續做的事情可真不少。例如，光看每天早晨起床後的活動，就可以了解到有些事我們的確每天都不間斷地進行，如刷牙、洗臉、吃早餐、看報、梳頭髮……等。更進一步來說，再怎麼沒有耐心的人，只要是人類，不管是男的、女的，每天都一定會持續不斷地做這些事。

因此，能夠持續十幾年，每天不厭其煩地做前面所列舉的事情，可見對其他的事情應該也能夠發揮出這樣的耐心來。

所以，從現在開始，不管哪一科都可以，試著每天都去唸它。例如，每天背一句英語格言、或者看一頁化學參考書……等都可以。然後，辦得到的話，也訂出一定的時間，且努力

在該時段內作好原訂的功課。這麽一來，自然就可以過著規律的生活，而且，對於該做的事沒有做的話，反而會覺得奇怪。

159 平常唸書時，就劃分時間來作題目，可鍛鍊對時間的敏銳性

在學校等的考試，由於拚命鑽研困難的題目，而時間就這樣一分一秒地過去，最後反而沒有時間作誰也會作的簡單題目，因此敗得一塌塗地。相信誰都有過這樣的經驗。在正式的考試中，再重蹈覆轍的話，想必也是遭受落榜的命運。由此可見，如何善加分配考試時間，也是應考的重點，所以平常唸書時，就應該學習劃分時間。

例如，做題庫時，把作每題所花的時間，都一一記錄上去，這也是培養對時間的敏銳性的方法之一。另外在平常的考試中，也可以依照題目的多寡，分配一下作每一題的時間，也是不錯的方法。

總之，可藉由平常的唸書、考試好好訓練一下自己的「時間觀」。對時間有了非常敏銳的感受性之後，面臨正式的考試時，才能分配得當，以免白白喪失得分的機會。

160　為了應付正式考試，平常作題庫時，最好不要按照其編排的順序進行

作題庫時，大部分的人都會按照其編排的章節、單元依序地作下去。但是，這種作法的缺點是，在你作問題之前，都已事先知道該問題屬於哪一單元、重點是什麼。而正式的考試並沒有這些提示，所以不知道其重點在哪兒。

為了消除此一缺點，作題庫時最好啪一聲把書翻開，然後就開始作翻開的那一頁。

經過這樣的訓練之後，才可以使你在正式考試時，一旦接到考題就立刻知道問題的關鍵所在。

161 對於沒學過的問題，也花一定的時間來思考，養成習慣之後，在正式的考試時即可發揮應用的能力

考試的題目中，與教科書的基本問題不同的應用問題占大部分。每年反覆進行的考試，因為必需採用和以往的問題不同，所以便以應用問題出現，這是必然的道理。說起來，考試的戰場與其他的戰場一樣，除了基本能力之外，還得具有應用的能力。

因此，平常唸書時就必需培養作戰實力的應用能力。那麼到底什麼是應用能力呢？就是面臨未知的問題時，能夠動員到目前為止所學的所有知識、經驗，然後將它們一一搭配、組合、擴大，進而解決了未知的問題，這正是應用能力。

這麼考慮的話，平常唸書時就有許多培養應用能力的機會。例如，面對教科書等的新單元時，都會列出沒學過的問題。通常都是以該問題為題材，進而學習其新的解法及法則。而以訓練應用能力的觀點來看的話，學習新的解法之前，先動員自己目前所擁有的情報，試著來解決該問題，也是一種非常有效的作法。

重點並不在於是否找到正解，主要目的是要花一定的時間來思考完全不知道的問題，以達到訓練應用能力的效果。

162 每練習完一題，就試著再以同樣的主題為內容，設想出其他形式的問題

準備考試時，儘管時間再充裕也會覺得不夠用，因而會顯得焦躁難安。不過每面對一個問題時，都能以該問題為主題，再設想其他的考法的話，即可以使時間增加二倍、三倍的使用效果。

出題者每年出題時，都努力地出完全不同的考題，以展現新的風貌，但是，結果可發現到考題的內容仍然相同，只是形式上作了變化而已，除此之外，並沒有進一步的發展。因此作一道問題時，只要能作多方面的考慮，來訓練推測力的話，漸漸地就可以知道與該問題的主題相同的各種形式的考題。

這麼一來，就可以非常清楚解決問題的條理，即使面對不會的問題，也可以藉由喚起會做的問題的記憶，而把該解法應用到不會的問題上，即可迎刃而解了。

例如，考題中出現年號的題目時，我們就以題目上列出的事件來回憶其發展的經過，進而推到其發生的年代，一路銜接下來之後，接著其年號就會清楚地浮現在腦中。

總之，平常唸書時面對一道問題，都不妨以該問題為主題，作多方面的考慮，進而設想

各種形式的考法，這種作法對於正式考試將有莫大的助益。

163 熟練兩本以上觀點不同的參考書，容易使記憶復甦

誰都知道「反覆」是記憶時不可欠缺的要素，不過關於「反覆」的方法，卻有不少人是漫不經心、機械式地進行著。

一再重複看同一本參考書、同樣畫紅線的地方，再有耐心的人也會感到厭煩。而且除了使人感到厭煩外，反覆單調的相同刺激形式，頭腦也已經無法作敏銳的反應。

因此，對於一直看同一本和以往所看的觀點有些不同的書來看，也是一種不錯的方法。反覆閱讀以不同角度來描寫同一主題的參考書之後，即可以給予頭腦新鮮的刺激，而達到強化記憶、使記憶容易復甦的效果。

而且完全相同的事，若每次都以不同的觀點來描述的話，其思考的方式當然也有所不同。這麼一來，不僅是記憶，還有思考方式，也都可以呈現多元化的現象。

164 平常練習出問題考自己，漸漸地即可了解出題者的心理

平常唸書時，每唸完一章節或一段落，不妨試著「回顧」一下，然後設想自己如果是出題者，會如何出題呢！若這樣出，又該如何解答呢！能夠反覆這樣練習，漸漸地即可了解出題者的心理。

培養這樣的能力之後，對於正式的考試當然有所幫助。

165 在房間到處貼重點卡和四周環境相結合記憶，考試時比較容易想起來

我有一位朋友就是利用這種記憶術，而順利通過司法考試，當上律師。

他把很長又難記的憲法條文全文抄下來，在家中到處張貼。例如，第一條貼在廁所、第二條貼在電視旁、第三條貼在洗臉台，就像這樣在家中的柱子、牆壁、各種家具上到處張貼。然後進入考場時，回憶一下家中的每一件家具等。「啊！這一條文在鏡台邊」，就這樣輕鬆地喚起回憶，而順利地解決許多難題。

這種方法，對於喚起記憶方面具有非常驚人的效果，因為家中一些具體的東西，可以使你腦中的記憶有線索可追溯。而且張貼時最好貼在靠自己比較近、經常走動的地方，免得哪兒有貼連自己都不清楚。

166 根據準備科目的不同，變化一下書桌、房間，可以突破滯礙難行的障礙

我經常因為工作內容的不同，而改變書桌、房間，藉此轉換心情、集中精神。一直坐在書桌前，進行各種類的工作，有時頭腦根本無法跟著轉換，因而無法振作精神。

準備考試也是同樣的情形，所以只要能更新四周的環境，頭腦即可以隨之立刻轉換，然後就能夠再度集中精神於接下來要唸的科目！例如，國文在自己的房間唸、數學在起居室、

英語則在圖書館……像這樣事先決定好，不知不覺間所唸的科目便能與四周的環境互相融合。到考試時自然會覺得每一科都唸得十分透徹。

167 聽秋蟲的叫聲，可提高讀書效率

學生時代不喜歡唸書的我，為了不落人後，也曾經有非常用功唸書的時期。暑假接近尾聲，這時開始可聽到蟬、蟋蟀的叫聲，似乎告訴大家秋天即將來臨。而在此之前一向貪玩，且作業經常沒寫，父母怎麼勸也勸不聽。

但是那一年的暑假末，我無意中去聆聽秋蟲的叫聲，聽著聽著似乎喚醒了我腦中的某些意識，讓我更清楚地警覺到新學期即將開始，因而不知不覺間我便開始用功唸書。

總之，秋蟲的叫聲似乎會讓你意識到非唸書不可的嚴重性，不少人應該都有過這樣的經驗。不僅是秋蟲的叫聲，其他還有些聲音也具有這樣的作用。

因此只要可引起這種反應的聲音，都可以將它們錄起來，聽著聽著即可激發唸書的意願及提高讀書效率。

168 唸到史實、法則時，不妨把內容簡單歸納成小標題來記憶，比較不會忘記、混淆

遇到有關史實、法則的問題，對於其內容、名稱，有不少考生往往弄得一頭霧水。例如，名稱極類似的「靖康之禍」、「靖難之變」並列一起，考生就不知道該選哪一個才好。為了避免這種現象，唸書時就不妨將史實、法則的內容，以自己的話將它歸納成小標題，寫在該段落的上頭，或者另外拿筆記記錄也可以。這麼一來，一方面好記憶，另一方面又可加深印象，所以考試時比較不會混淆、忘記。即使忘記了，也應該想得起來，因為用自己的話寫下來，有了追溯的線索，比較容易喚起記憶。

應考的訣竅⑧

使衝勁泉湧而出的應考生活術

——從如何訂立目標，至休息的訣竅

169 擬定讀書計劃時，也應該分配些時間在有興趣的運動上

「在火災發生時，有位婦人單獨把冰箱扛出來……」，大家都一定有聽過諸如此類的事。這種現象說明了人類遇到危急的情況時，往往會發出意想不到的力量。平常的狀態，怎麼也辦不到，但是一遇到危急狀況，卻是辦得到。由此可見，人類的潛力的確無法限量。

準備考試也是同樣的情形。把自己逼到最大的極限之後，開始讀書，即可大大提高其效率。有的學生為了準備考試，很早就退掉社團活動，結果卻落榜了；有的學生到了三年級仍然繼續參加社團活動，結果反而上榜了。這也許就是「效率」的影響也說不定。

所以，學生時代雖然以準備將來的聯考為最重要的課題，但是唸書之餘也要安排其他的興趣、運動，讓自己覺得生活是忙碌的，在忙碌的生活中才更懂得掌握時間、提高讀書效率。

170 與其擬定輕易達成的目標，倒不如訂定快半步的目標

為準備考試而擬定目標時，若立的目標很容易即可達成的話，想必是沒有定立的意義。而且當你決定擬定計劃，大多是因為心情煩亂、書唸不下、偷懶的心態下才想到應該定個計

劃好鞭策自己。而所定的計劃即使無法完全做到，只要儘可能去做，仍然具有意義。

不過，擬定目標時，最好是比可能實現的範圍再高出一些，這可說是接近目標的目標。有了這份較難達到的目標之後，便會盡力去完成它，剛開始也許只能夠做到百分之八、九十，但也就十分足夠了，因為它畢竟是快半步的目標，不過，一路磨練下來之後，相信不久即可趕上它，進而超越它。

171 在陸續破壞讀書計劃的過程中，可以找到自己讀書的步調

若無限期地實行讀書計劃，對考試便會產生神經衰弱，而且可能連挽救的餘地都沒有。因此，我們有必要客觀、沈著地正視自己——「也有無法依照計劃進行的時候」，這點十分重要。為了確實遵行計劃，和朋友的交往、其他的事……都捨棄的話，反而無法使計劃順利進行下去。偶爾，也製造一下「破壞計劃的日子」，好好放鬆心情，第二天唸書時會更有效率。

相反地，儘管今天完全依照計劃進行，但仍然不會因此而提高士氣。所謂的計劃，應該把好的、不好的、破壞的情形均列入考慮，且以沈著的態度來接受它。而且，在計劃被陸續破壞的過程中，反而可以找到自己唸書的步調。

172 擬定好計劃時，不妨向家人、朋友宣示一番

應用心理學的戒煙法之一就是，向家人、朋友宣示「我決定戒煙！」這麼一來，自己想抽煙時，就會想到周遭的人的責難，「你的意志真薄弱」、「真是沒用的傢伙」等，想到這兒，只有繼續戒下去，果然就這樣戒成了。

擬定好讀書計劃時也可以這麼做。不單是在心中作決定而已，接著應該向家人、朋友宣示：「從今天起，我要依照這張計劃表唸書！」宣示之後，內心自然會產生真正的學習意願，而且與達成最後的「考取」宣言大有關連喔！

173 唸不下去時，不妨暫時離開書本

長期拚命唸書，仍然無法提高實力！不少考生有這樣的感嘆！有時還會遷怒父母，怪父母沒生給他聰明的頭腦。

其實，問題大多出在於時間的使用方式，而並非頭腦的好壞。能夠全神貫注唸書時，往往忘了時間的經過，效果之好當然可想而知了。勉強唸書時，即使打算長時間唸下去，但總是覺得時間過得特別慢。這時不妨暫時放下書本，改變一下心情，再拾起書本時即可提高讀書效率。根據某產業心理學者的調查，也證實了——工作中斷之後，再進行時其效率有顯著的增加現象。

總是無法專心唸書時，不妨下定決心一天或兩天，完全不要看書，這也是恢復衝勁的好方法。因為一、兩天沒看書之後，心裡難免會著急、耽心唸不完，因而會更加用功唸書，這麼一來，唸書的衝勁不就恢復了嗎？

所以，當你老是唸不下時，不妨暫時放下書本，再拾起書本時想必會更有衝勁。

174 邊唸書邊想著考取後的「快樂生活」，就不會再感到唸書是件苦差事了

一聽到準備聯考等大規模、正式的考試，大家馬上就會聯想到「考試的地獄」，然後便以「灰色的」、「憂鬱的」……等形容詞來形容考生的心態。

但是光想到它不好的一面，對事情根本沒有好處，反而會使它更糟。一直想到唸書的痛苦、憂鬱，當然唸起書來果真就是如此。

凡事應往好處想，才有轉機、才有樂趣可言。挑燈夜戰時，你不妨想一下考取之後，就可以去爬山、玩水、聽最喜歡的音樂、看電影……等，想想考取後的「快樂生活」，這麼一來，再怎麼辛苦似乎也都值得，而且可以激發自己更用功，以期待早日如願以償。

175 即使是勉強把準備考試當作是件快樂的事，自然就會感到快樂

一想到準備考試，誰都會認為是件苦差事。而它果真就是件苦差事嗎？美國的一位心理

學家——威利安姆・傑姆斯曾指出：「人類的性質中，習慣把事情想成哪種情形，結果就會傾向於所想的。」你認為某事是痛苦的，它就是痛苦的；你認為是件快樂的事，它也就成為快樂的事。

唸書也是同樣的情形。不要把它想成痛苦的事，只要把它當作是件快樂的事，即使剛開始是強迫自己這麼想也沒關係，漸漸地它自然就會成為真正快樂的事。

176 當你找出準備考試的意義時，衝勁便由此產生

當你面對書桌時，是否曾經想過「為何要唸書？」「為何要進大學？」

美國某位經濟學者曾指出：「成功的共通點即是，面對自己的工作時，常常會抱持著『這麼做有何意義』的疑問，而且一直具有想確定該疑問的意願。」

因此，為了對準備考試產生意願、衝勁，首先就應該問自己為什麼要準備考試，然後試著找出其意義、理由來，這點非常重要。

當你找到答案時，衝勁、意願便由此產生。

177 想到落榜更丟臉、更痛苦，那麼準備考試的苦也就不算是苦了

進行某項有目標的工作時，都必需具備催促該項工作進行的動機，這是心理學方面的常識。如果該項工作本身是令人愉快的，那麼它本身就是動機。相反地，該項工作伴隨著痛苦時，就必需找出其他的動機。其方法之一就是，一種「懲罰」的考慮方式。

這種方法也可以應用到準備考試方面。當你覺得準備考試是件痛苦的事時，不妨使用一下「懲罰」的考慮方式——告訴自己，如果逃避目前準備考試的痛苦，那麼落榜時將會更丟臉、遭受更大的痛苦。想到這兒，準備考試的苦也就不算是苦了。

178 太在意四周給予的期望，反會辜負了大家的期望

大部分的家庭教育總是以「不要在別人面前丟臉、讓別人取笑」……等，這種在意他人眼光的意識來教導小孩。因此，形成了多數人都傾向於以「他人的眼光」作為價值判斷的基準、分辨善惡的基準。

甚至連小學生都會說出這樣的話：「要拿到好成績，爸媽才會高興！」並不是因為自己喜歡才唸書、為了自己的將來才唸書，而是為了「四周的期待」。

但是，這份期待變成沈重的負擔時，往往會造成神經衰弱。因此，與其「為了不讓父母、四周的人失望，所以我必需用功唸書」。倒不如「為了自己所以我要用功讀書」。在過於重視四周的期望時，反而會辜負大家的期望。

總之，還是為自己而唸書吧！唯有以這樣的心態來唸書，才能確實提高讀書效率。

179 心煩氣躁、書唸不下去時，不妨做做激烈的運動

某企業的自我治療中，有這樣的設備。

房中的牆壁貼了董事長的大照片，而照片的前面立了一具和人等高的稻草人。當員工被上司責罵、情緒低落時、工作效率不佳、心煩氣躁時，都可以到自我治療室來，拿起竹劍拚命打稻草人。發洩之後，回到工作崗位，煩躁、低落的情緒已經一掃而空，工作起來又是衝勁十足。這的確是提高工作效率的好方法。

唸書時會感到心煩氣躁、唸不下……等，這是常有的情況，若就這樣置之不理，強迫自己繼續唸的話，反而會使內心的衝勁完全消失。

所以心情煩躁、不安時，不能就這樣棄之不顧，應該採取必要的措施。快速的解決方法就是，讓身體做激烈的運動。把心裡高昂的能源（緊張、急躁不安……）轉移到肉體，且藉由肉體的激烈運動將它們排出體外。

做過激烈的運動、流汗之後，再回到書桌前，可明顯地感覺到唸起書來更有效率了。這種方法雖然簡單，但實行起來卻有意想不到的效果。

180 有時置身於高樓樓頂等令人震驚的場所，反而可以趕走內心的不安、膽怯

人類陷入低潮時，不知不覺間精神的能源往往會向內側發展，一直往心的裡面注入能源

。其程度可分為徹底陷入型和打倒逆境又重新挺直型。而考生的情形則是，動不動就感到膽怯、不安，且精神能源一直向內側發展。「再怎用功，還是考不上的！」老是對自己沒信心、認為自己不會考取，唸書時當然就無法全心投入。

欲使向內的能源逆轉向外流的方法之一是，給予精神、身體方面一種震撼性的刺激。例如爬到高樓的樓頂往下看、到遊樂場所坐雲霄飛車、雷射飛椅等刺激的遊戲。即使沒有運用到身體，仍然可以達到同樣的效果，例如，看電視轉播的棒球、拳擊比賽。

總之，情緒不佳、忐忑不安時，不妨把自己置於令自己震驚的場所，以便趕走不安的情緒，而能夠再次振作起來。

181 準備聯考時，不要認為自己將接受測驗，最好想成出題者將接受考生的考驗，這樣準備起來心情會愉快多了

若以將接受測驗的心情來準備考試的話，想必心情是不安的、煩悶的。換一個角度來想，也許心情就會大大地改觀也說不定。其實，每年的聯考也是出題者接受考驗的日子，題目出得過簡單、太困難、偏僻冷門……等，都會受到大家的攻擊。而這些反應主要是出自考生

，因此他們題目出得好不好，完全由考生來判斷，所以說聯考也是出題者接受考驗的日子，一點也不為過。

因此，真正接受考驗的人似乎變成了出題者，而考生唸書就是為了要考驗出題者。若考生準備考試時都能以這種心態來面對的話，想必唸起書來會感到愉快多了。

182　以考試為生活中唯一的目標，反而對考試造成負面的影響

「考生」，就是以考試為目標而唸書的人。因此即使是高中一年級、國中一年級，也都併入「考生」的行列。

顯而易見，現在的高中生、國中生的生

活，完全以考試為唯一目標。日常生活除了唸書還是唸書。但是，以考試為唯一目標的生活，對考試就真的無往不利嗎？其實，並非如此。

對於考試，另外確實還需要一些訣竅，否則一味地苦讀，而不知其訣竅的話，往往會白費許多努力。因此，除了用功唸書之外，還需要知道其技巧，這樣唸起書來才有意義、面對考試才能夠胸有成竹。

183 從準備考試的過程中，可找出「人生的主題」

綜觀考取大學之後的新生，大致可分為兩種類型——一是，認為終於得到解脫的類型；另一種是，更積極加入研究、討論的活動。而分析調查其心理狀態，結果可發現到主要是受準備考試時的影響。

有不少考生準備考試時，認為只要能考取就好，因此一直拚命把知識往腦袋裡塞，也就是以一種機械式地塡入，而沒有真正去理解它、消化它。

所以在他們看來，只要考上了，就是任務完成，但是卻不知道為什麼要進大學。

的確，為準備考試而唸書也許是件相當乏味的事，但是如果能改變對唸書的看法，那麼唸的書就可以成為所有學問、知識的基礎。例如，多背英文單字，除了應付考試之外，不知不覺間也可以增進英文的閱讀能力。

所以，唸書並不光是為了應付聯考，應該更深入地考慮到也是為自己的將來而唸書。因此，不要認為考上大學，就算是完成任務，其實，後面要走的路還很長，所以更應該積極參與研究、討論的活動，並且好好計劃自己的將來。

184 考生中真正加入競爭行列的人數，只占全體的三分之一左右

聯考的人數逐年增加，一聽到有十幾萬人，有的考生因而喪失自信、鬥志。但是，這並不代表競爭必然會很激烈，只要大家稍微想一下，便可以明白。

其實，十個考生中，有三到四個可以說是陪考的，因為他們實在很難寫出正確的答案來，所以一開始他們就應該屬於競爭圈之外的考生。

另外約有三個考生，也許還有些程度，但由於準備不充分、又不懂得考試的技巧，所以也談不上是競爭的對手。結果，剩下的三位才是真正有實力的考生，所以聯考時是這三位考生之間的競爭。

因此，只要能居於考生的前三分之一，就是一位非常有資格參加考試的人。

所以千萬不要被報考人數嚇著了，仍然有計劃、按部就班唸自己的書，考取的可能性還是非常高的。

185　儘管再忙，也得抽出時間來看看報紙、新聞的標題

考試的日子愈來愈接近時，考生更是時時刻刻抱著書本猛讀，甚至連看報紙的時間也被剝削了，不過，還是建議考生無論如何也得抽出點時間看報紙，縱使沒有時間全部看完，起碼也該瀏覽一下標題。

綜觀近年來的考題，可發現到時事的問題占不少，尤其以社會科為最。而其他自然、英文科，即使沒有出和時事完全相同的內容，但起碼也是有和時事互相關連的問題，例如英文的作文常常都是以目前熱門的時事作為題目，因此準備考試時，除了書本上的知識外，還得注意一下周遭發生的大事，這也是考試致勝的關鍵。

186　平常就能關心社會、人生，唸書便可成為不是專為考試而唸書

最近的考試問題，由於出題者認為「總是出為考試而考試的問題是不行的！」因此，自然而然就會在現代的觀點上大作文章。

例如，現在的國語、英語等的問題，都會涉及現實社會中的事件、問題。考試卷上可發現「環保問題」、「何謂國際化」等文字，由此可見一斑。

這麼一來，身為考生的你，可就不能再一味地鑽研參考書。目前要準備考試，如果對現代社會沒有正確的認知能力，可能就無法順利寫出正確答案來。例如，不知道Pollution（污染）這個單字的話，有關熱門的環保問題的英文題目，可就束手無策了。

因此日常生活中，就應該多關心社會、人生的問題，這麼一來，不僅可了解社會的動向，而且這些知識無意間也成為考試的基本實力。所以，為了準備考試而與社會隔閡的唸書方式，絕對是下下之策。

187 能夠廣泛地唸書，正式考試時即可充分發揮實力

有不少考生埋怨道：為了準備考試，都不能盡情看自己想看的書。不過，我覺得有時放下教科書、參考書，廣泛地看自己喜歡的書，其實與考試也大有關連。

因為，廣泛地閱讀其他書籍，可以培養文章的閱讀能力、理解能力、判斷能力。所以，

說起來準備考試的過程中只唸參考書、教科書，就好像沒有地基的房子，颱風一來便崩塌、毀壞。而廣泛地閱讀其他書籍，就像是打造牢固的地基。

188 欲在競爭激烈的考試中打一場勝仗，必需具備強韌的體力

考試是一場長期的戰鬥，所以非有強健的體力不可。有的考生求好心切，日夜不眠不休地苦讀，結果把身體弄壞了，甚至連參加正式考試的機會都喪失了。

為了不使自己的努力付諸流水，平常唸書之餘，還得注意自己的作息時間、身體情形，有了強健的體力，才有機會在最後的正

式考試中打一場漂亮的勝仗，否則連這個機會都沒有。

189 完全拋下書本，也是準備考試的有效方法之一

「最近唸起書來總是沒有效率可言」，在準備考試的過程中，想必多少都會碰到這樣的情況，但是，有不少考生仍然坐在書桌前，而拋不開書本。

其實，這只不過是求個心安罷了。

但是這樣繼續下去，反而會使唸書的效率愈來愈差。因此在準備考試的過程中，遇到唸書的效果不佳的時候，倒不如完全拋下書本，好好休息一番，以解除內心的緊張、壓力，這點對考生十分重要。所以，完全拋下書本，也是準備考試的有效方法之一。

190 最後必需分出勝負的興趣，反而是準備考試之損友

在每天除了唸書還是唸書的考試生活中，能夠鬆一口氣的事情，就是自己的興趣囉！它可以說是消除疲憊的頭腦、改變準備考試時的厭倦心情的一位「朋友」，但是結果必需分出勝負的興趣，反而會成為妨礙讀書效率的「損友」。

有不少考生常以玩五子棋、下象棋、撲克牌來改變心情，但是再回到書本上時，腦中卻仍殘留剛才輸贏的結果，因而總是無法再專心看書。所以，準備考試時具有其他的興趣固然很重要，但是這一項興趣成為準備考試的絆腳石，那可就不能說是興趣了。

191 加快生活全體的步調，解決問題的速度也會隨之加快

某位刑事局局長曾說過這樣的話：無期徒刑的犯人和死刑犯的生活態度完全不同。無期徒刑的犯人，由於不可能再復出社會，但又保住他們的性命，所以每天都行尸走肉般，過著對明天沒有任何展望的生活。相反

地，死刑犯不知是否還能看到明天的日出，因此他們對於擁有生命的今天就顯得特別珍惜。也因此他們往往能發揮驚人的潛能，例如，在短時間內即可領會從來沒有接觸過的知識、書籍，甚至作出不朽的名畫來。

「也許生命只有今天」，每天生活在這種緊張感之下，因而使他們的能力大大地提高，所以才會有一些驚人之舉。的確，想在一天之內做完許多事情，自然就會加快生活全體的步調，結果這一天當然是過得非常充實。

把死刑犯的精神應用到準備考試上，應該也是非常有效果才是。解決問題時，也設想只剩幾分鐘就必需做好，這樣自己逼迫自己，相信一定可發揮出意想不到的能力來。

不只是在唸書方面。加快生活全體的步調，更具有效果。晚餐花三十分鐘，接下來的一個小時是自由活動時間，之後的三個小時是讀書時間，就這樣迅速、果斷地安排生活，自然頭腦的活動也會隨之加快。

192 「迷惑」是進步的表徵

對於一個問題，我們最初都無法看清問題的核心。看過問題的一面之後，再以相反的立場、或另一個角度來看，往往都會有意外的新發現。而且以各個角度來看問題時，就更會發現問題的不單純，因而往往使內心感到痛苦、迷惑、懊惱。而這時最重要的是，勇敢地面對它，慢慢地理出頭緒，找出一個最正確的答案，也許你會因此豁然開朗，而使自己更向前邁進一步也說不定。

193 失去自信時，不妨照照鏡子端詳一下鏡中的自己，這麽一來，即可恢復自信

英國歷史上著名的首相——邱吉爾，也是一位家喻戶曉的名演說家。他曾說過的佳句、名言，一直是大家耳熟能詳的。據說他在重要會議、國際會議等場合演講之前，一定得先站在鏡前預演一番。仔細端詳鏡中的自己之後，漸漸地即可恢復自信，當天就能成功地演出。

即使是名演說家——邱吉爾，在重要的場合演說時，也都會感到緊張、不安，所以考生面對考試會產生焦慮、不安的心態，也是極自然的現象。而問題是在於，如何妥善處理內心的不安、焦慮呢？邱吉爾派的照鏡子也是自我暗示的方法之一。

端詳鏡中的自己時，不知不覺自信就恢復了，尤其告訴鏡中的自己，要加油、振作……，更是恢復自信的良藥。因此當你對自己缺乏信心時，不妨看看鏡中的自己，往往會有意想不到的效果。悲傷、哭泣時，照照鏡子，端詳一番鏡子的自己，很不可思議地就不再哭了，

悲傷的心情也隨之淡化了。

194 覺得自己比他人差，正是優秀的證據

煩惱是考試時的伙伴，而其中以煩惱自己比他人差的考生占大多數。而且有這種煩惱的人，又以被周圍的人認為非常優秀的考生占大部分。其實際的情況大致上是這樣的：「自己在一、二年級時，成績不是第一，至少也在前三名之內，但是升上三年級之後，成績便不再像預期中的進步，而且開始發現到以往沒有注意到的功課上的缺點、弱點。看來自己的能力確實比他人差。」

不過，澳洲研究心理方面的劣等感的精神醫學者——亞杜拉曾指出，成為人類行動的動機者為「邁向優越的鬥爭」。行動即是由於對自己本身產生劣等感才引起的，而且劣等感可以說是人類努力的原動力。

換句話說，世界上應該沒有十全十美的人，來找我商談的人，儘管再優秀，但如果他的理想、慾望很高的話，仍然會產生遭受失敗的劣等感。

而且，愈優秀的人愈會發現到自己的缺失、弱點，因此就更容易引起劣等感。

由此我們可以了解：「正因為自己優秀，所以才會有劣等感的煩惱；正因為學力有所進

展，才會開始發現自己的弱點。」這是了解自己、克服劣等感的第一步。

195　看起來什麼都知道的人，正式考試時往往考不好

入學考試放榜時，在學校的成績總是高居「第一」的學生落榜了，而從來沒想過會考上的學生，卻榜上有名。常常會有這樣的意外事件發生。遇到這種情形，大部分的人都認為問題是出在考試方法是否得當、考運的好壞。其實，其中還隱藏著其他更重要的因素。

因為入學考試的題目，不僅包括知識、技巧，還有更多非理解問題本質才能解答出來的題目。而看起來什麼都懂的人，仔細觀察的話，常常只不過是把知識硬塞入腦袋而已，而一遇到必需理解的問題就沒轍了。

所以，準備考試時千萬不要死背，必需有一番理解之後再把它們歸納入腦袋中，這麼一來，再活的考題，也難不倒你了。

196　為了自己比他人差而感到懊惱時，不妨試著把自己的優點列出來

工作、唸書等，若無法順利進行下去時，往往會一直挑出自己的毛病。反省自己的缺點，以作為下次改進重點固然重要，但是一直挑剔自己的缺點，難免會產生劣等感的心態。

如果你正為自己比他人差而懊惱不已、無法專心唸書時，不妨停止思考自己的缺點，而試著把自己的優點一一列出來。然後每天大聲地唸這些優點，以刺激腦細胞，這麼一來，心裡的劣等感便會漸漸消失，取而代之的是衝勁、自信心。

197 異性朋友的鼓勵，常常是激勵自己唸書的良藥

以心理學上來說，和異性朋友交往，只

有益處而沒有害處。

因為，不僅是人類，其他所有的動物也一樣。總是喜歡在異性的面前表現出自己最好的一面。所以和異性朋友交往時，本來心裡就極希望表現出最好的一面，再加上對方的鼓勵，更是卯足勁、全力以赴。

有些人認為了認真準備考試，必需斷絕與異性朋友交往，其實這種作法常常會得到反效果，倒不如仍然繼續交往，彼此互相鼓勵，反而可以把書唸得更好。

198 外向的人最好和內向的朋友一起準備考試

準備考試的過程中所引起的煩惱，常常與本人的個性大有關連。人的個性大致可分為兩類，一是內向型；另一種是外向型。而兩種個性的人都各具其特有的煩惱。

如果你的行動非常積極、活潑，一想到什麼事馬上付諸行動，但是卻容易對事情感到厭倦，這種個性就屬於外向型。由於個性開朗，所以幾乎沒有什麼煩惱，不過，現實生活中的缺點是注意力不夠集中、常常無法遵守計劃行事。相反地，想法消極、心思細密、容易拘泥在一件事上而煩惱不已，這就是內向的個性。雖然具有唸書的基本條件——心情穩定、精神集中，但是常常為一點小事而產生劣等感。

總之，這兩種個性都有其優缺點，而且具有互補的作用，因此和個性不同的人一起準備考試，可以互相截長補短，是蠻不錯的方法。如果你是外向的人，不妨從朋友中找出屬於內向的人和你一起唸書，也許對彼此都有意想不到的效果喔！

199 仔細觀察其他的考生，即可知道自己的缺點在哪兒

我從朋友那兒聽到這一段話。有一年夏天，他一直感到喉嚨疼痛、不舒服，而且一點也沒有好轉，可是卻又不知道什麼原因。然而有一天夜裡，他和一位很久不見的好朋友徹夜長談，而那位朋友也和他一樣有咳嗽的症狀。為什麼會這樣呢？他想著想著，忽然聞到房中傳來隱約的蚊香，原來朋友咳嗽的原因就是蚊香的煙所引起的。這麼一來，他終於明白自己喉嚨痛的原因——也是蚊香所引起的。

由這段話，我們可以知道，對自己的情況不了解時，往往可從觀察別人之後得到解答。準備考試也是同樣的情形。沒有察覺出自己準備上的缺點、弱點等，而在觀察其他考生時，卻可以清楚地了解自己的缺失。

例如，朋友一升上三年級就開始上考前重點整理的參考書，看到朋友這樣唸書，你不禁會想：是不是應該先從教科書複習起，直到考前再來看這類的參考書比較好？如果覺得不好

，而且自己也和他一樣，就會因此改變讀書的方法。所以，只要仔細觀察其他考生，即可自我反省，而找出自己的缺點。

200 學長、學姊的建議，並不一定適合自己

有些學長、學姊考上理想的學校之後，都會很熱心地把自己的經驗告訴學弟妹。的確，他們的讀書態度、支配時間的方法往往都是非常珍貴的資料。但是一、兩位學長的準備方式，並不一定都適合每一位考生。

雖然有人分享學長的經驗之後，效法他的學習方法而使成績進步不少的情況也有，但是無條件地接收他們的經驗作為自己努力的方式，可是一件危險的事。因為每位考生的體力、環境都不盡相同，個性、擅長的科目也不一樣，大家必需先認清這一點。

例如，物理不好的人，聽到物理同樣也不好的學長的談話，以及他們如何克服物理等，這的確會對自己有所幫助，但如果學長的物理非常好，而聽他們的經驗談之後，也許會對自己更沒信心，甚至覺得自己已經沒什麼指望了。

因此，無視個人的差異，而硬把別人的方式用在自己的身上，可能會成為一項沈重的負擔，而得到反效果也說不定。

201 選擇參考書時，先看看自己不懂的部分，它是否解說得十分清楚，以此作為選擇的標準

選擇參考書時，一般人的評價，老師、朋友的意見固然重要，但最重要的還是應該選擇適合自己的參考書。因此，選擇參考書時，最好先看看自己不懂的部分，如果這一部分解說得十分清楚、易懂的話，就是最佳的選擇。

例如，對於化學的「電解」部分感到棘手，那麼選擇參考書時，就應該一本一本地比較，看哪一本的「電解」部分寫得最好，最容易懂，就買那一本。

即使朋友和你一樣都對相同的單元感到困惑，但仍然需經過自己仔細鑑定之後再買，因為有時朋友覺得好的參考書對你未必有用，所以還是拿出信心，選擇自己認為適合自己的參考書吧！

大展出版社有限公司	圖書目錄
地址：台北市北投區11204 致遠一路二段12巷1號 郵撥： 0166955～1	電話：(02) 8236031 8236033 傳眞：(02) 8272069

・法律專欄連載・電腦編號58

台大法學院 法律學系／策劃 法律服務社／編著

①別讓您的權利睡著了①	180元
②別讓您的權利睡著了②	180元

・趣味心理講座・電腦編號15

①性格測驗1	探索男與女	淺野八郎著	140元
②性格測驗2	透視人心奧秘	淺野八郎著	140元
③性格測驗3	發現陌生的自己	淺野八郎著	140元
④性格測驗4	發現你的真面目	淺野八郎著	140元
⑤性格測驗5	讓你們吃驚	淺野八郎著	140元
⑥性格測驗6	洞穿心理盲點	淺野八郎著	140元
⑦性格測驗7	探索對方心理	淺野八郎著	140元
⑧性格測驗8	由吃認識自己	淺野八郎著	140元
⑨性格測驗9	戀愛知多少	淺野八郎著	140元
⑩性格測驗10	由裝扮瞭解人心	淺野八郎著	140元
⑪性格測驗11	敲開內心玄機	淺野八郎著	140元
⑫性格測驗12	透視你的未來	淺野八郎著	140元
⑬血型與你的一生		淺野八郎著	140元
⑭趣味推理遊戲		淺野八郎著	140元

・婦 幼 天 地・電腦編號16

①八萬人減肥成果	黃靜香譯	150元
②三分鐘減肥體操	楊鴻儒譯	130元
③窈窕淑女美髮秘訣	柯素娥譯	130元
④使妳更迷人	成　玉譯	130元
⑤女性的更年期	官舒妍編譯	130元
⑥胎內育兒法	李玉瓊編譯	120元
⑧初次懷孕與生產	婦幼天地編譯組	180元

⑨初次育兒12個月	婦幼天地編譯組	180元
⑩斷乳食與幼兒食	婦幼天地編譯組	180元
⑪培養幼兒能力與性向	婦幼天地編譯組	180元
⑫培養幼兒創造力的玩具與遊戲	婦幼天地編譯組	180元
⑬幼兒的症狀與疾病	婦幼天地編譯組	180元
⑭腿部苗條健美法	婦幼天地編譯組	150元
⑮女性腰痛別忽視	婦幼天地編譯組	150元
⑯舒展身心體操術	李玉瓊編譯	130元
⑰三分鐘臉部體操	趙薇妮著	120元
⑱生動的笑容表情術	趙薇妮著	120元
⑲心曠神怡減肥法	川津祐介著	130元
⑳內衣使妳更美麗	陳玄茹譯	130元
㉑瑜伽美姿美容	黃靜香編著	150元
㉒高雅女性裝扮學	陳珮玲譯	180元

・青 春 天 地・ 電腦編號17

①A血型與星座	柯素娥編譯	120元
②B血型與星座	柯素娥編譯	120元
③O血型與星座	柯素娥編譯	120元
④AB血型與星座	柯素娥編譯	120元
⑤青春期性教室	呂貴嵐編譯	130元
⑥事半功倍讀書法	王毅希編譯	130元
⑦難解數學破題	宋釗宜編譯	130元
⑧速算解題技巧	宋釗宜編譯	130元
⑨小論文寫作秘訣	林顯茂編譯	120元
⑩視力恢復！超速讀術	江錦雲譯	130元
⑪中學生野外遊戲	熊谷康編著	120元
⑫恐怖極短篇	柯素娥編譯	130元
⑬恐怖夜話	小毛驢編譯	130元
⑭恐怖幽默短篇	小毛驢編譯	120元
⑮黑色幽默短篇	小毛驢編譯	120元
⑯靈異怪談	小毛驢編譯	130元
⑰錯覺遊戲	小毛驢編譯	130元
⑱整人遊戲	小毛驢編譯	120元
⑲有趣的超常識	柯素娥編譯	130元
⑳哦！原來如此	林慶旺編譯	130元
㉑趣味競賽100種	劉名揚編譯	120元
㉒數學謎題入門	宋釗宜編譯	150元
㉓數學謎題解析	宋釗宜編譯	150元
㉔透視男女心理	林慶旺編譯	120元

㉕少女情懷的自白	李桂蘭編譯	120元
㉖由兄弟姊妹看命運	李玉瓊編譯	130元
㉗趣味的科學魔術	林慶旺編譯	150元
㉘趣味的心理實驗室	李燕玲編譯	150元
㉙愛與性心理測驗	小毛驢編譯	130元
㉚刑案推理解謎	小毛驢編譯	130元
㉛偵探常識推理	小毛驢編譯	130元
㉜偵探常識解謎	小毛驢編譯	130元
㉝偵探推理遊戲	小毛驢編譯	130元
㉞趣味的超魔術	廖玉山編著	150元
㉟趣味的珍奇發明	柯素娥編著	150元

•健 康 天 地• 電腦編號18

①壓力的預防與治療	柯素娥編譯	130元
②超科學氣的魔力	柯素娥編譯	130元
③尿療法治病的神奇	中尾良一著	130元
④鐵證如山的尿療法奇蹟	廖玉山譯	120元
⑤一日斷食健康法	葉慈容編譯	120元
⑥胃部強健法	陳炳崑譯	120元
⑦癌症早期檢查法	廖松濤譯	130元
⑧老人痴呆症防止法	柯素娥編譯	130元
⑨松葉汁健康飲料	陳麗芬編譯	130元
⑩揉肚臍健康法	永井秋夫著	150元
⑪過勞死、猝死的預防	卓秀貞編譯	130元
⑫高血壓治療與飲食	藤山順豐著	150元
⑬老人看護指南	柯素娥編譯	150元
⑭美容外科淺談	楊啟宏著	150元
⑮美容外科新境界	楊啟宏著	150元
⑯鹽是天然的醫生	西英司郞著	140元

•實用女性學講座• 電腦編號19

①解讀女性內心世界	島田一男著	150元
②塑造成熟的女性	島田一男著	150元

•校 園 系 列• 電腦編號20

①讀書集中術	多湖輝著	150元
②應考的訣竅	多湖輝著	150元
③輕鬆讀書贏得聯考	多湖輝著	150元

・實用心理學講座・電腦編號21

①拆穿欺騙伎倆	多湖輝著	140元
②創造好構想	多湖輝著	140元
③面對面心理術	多湖輝著	140元
④僞裝心理術	多湖輝著	140元
⑤透視人性弱點	多湖輝著	140元
⑥自我表現術	多湖輝著	150元
⑦不可思議的人性心理	多湖輝著	150元
⑧催眠術入門	多湖輝著	150元
⑨責罵部屬的藝術	多湖輝著	150元
⑩精神力	多湖輝著	150元

・超現實心理講座・電腦編號22

①超意識覺醒法	詹蔚芬編譯	130元
②護摩秘法與人生	劉名揚編譯	130元
③秘法！超級仙術入門	陸　明譯	150元
④給地球人的訊息	柯素娥編著	150元
⑤密教的神通力	劉名揚編著	130元
⑥神秘奇妙的世界	平川陽一著	180元

・養　生　保　健・電腦編號23

①醫療養生氣功	黃孝寬著	250元

・心　靈　雅　集・電腦編號00

①禪言佛語看人生	松濤弘道著	150元
②禪密教的奧秘	葉逯謙譯	120元
③觀音大法力	田口日勝著	120元
④觀音法力的大功德	田口日勝著	120元
⑤達摩禪106智慧	劉華亭編譯	150元
⑥有趣的佛教研究	葉逯謙編譯	120元
⑦夢的開運法	蕭京凌譯	130元
⑧禪學智慧	柯素娥編譯	130元
⑨女性佛教入門	許俐萍譯	110元
⑩佛像小百科	心靈雅集編譯組	130元
⑪佛教小百科趣談	心靈雅集編譯組	120元
⑫佛教小百科漫談	心靈雅集編譯組	150元

⑬佛教知識小百科	心靈雅集編譯組	150元
⑭佛學名言智慧	松濤弘道著	180元
⑮釋迦名言智慧	松濤弘道著	180元
⑯活人禪	平田精耕著	120元
⑰坐禪入門	柯素娥編譯	120元
⑱現代禪悟	柯素娥編譯	130元
⑲道元禪師語錄	心靈雅集編譯組	130元
⑳佛學經典指南	心靈雅集編譯組	130元
㉑何謂「生」　阿含經	心靈雅集編譯組	130元
㉒一切皆空　般若心經	心靈雅集編譯組	130元
㉓超越迷惘　法句經	心靈雅集編譯組	130元
㉔開拓宇宙觀　華嚴經	心靈雅集編譯組	130元
㉕真實之道　法華經	心靈雅集編譯組	130元
㉖自由自在　涅槃經	心靈雅集編譯組	130元
㉗沈默的教示　維摩經	心靈雅集編譯組	130元
㉘開通心眼　佛語佛戒	心靈雅集編譯組	130元
㉙揭秘寶庫　密教經典	心靈雅集編譯組	130元
㉚坐禪與養生	廖松濤譯	110元
㉛釋尊十戒	柯素娥編譯	120元
㉜佛法與神通	劉欣如編著	120元
㉝悟（正法眼藏的世界）	柯素娥編譯	120元
㉞只管打坐	劉欣如編譯	120元
㉟喬答摩・佛陀傳	劉欣如編著	120元
㊱唐玄奘留學記	劉欣如編譯	120元
㊲佛教的人生觀	劉欣如編譯	110元
㊳無門關（上卷）	心靈雅集編譯組	150元
㊴無門關（下卷）	心靈雅集編譯組	150元
㊵業的思想	劉欣如編著	130元
㊶佛法難學嗎	劉欣如著	140元
㊷佛法實用嗎	劉欣如著	140元
㊸佛法殊勝嗎	劉欣如著	140元
㊹因果報應法則	李常傳編	140元
㊺佛教醫學的奧秘	劉欣如編著	150元
㊻紅塵絕唱	海　若著	130元
㊼佛教生活風情	洪丕謨、姜玉珍著	220元

・經 營 管 理・電腦編號01

◎創新經營管理六十六大計（精）	蔡弘文編	780元
①如何獲取生意情報	蘇燕謀譯	110元
②經濟常識問答	蘇燕謀譯	130元

③股票致富68秘訣	簡文祥譯	100元
④台灣商戰風雲錄	陳中雄著	120元
⑤推銷大王秘錄	原一平著	100元
⑥新創意・賺大錢	王家成譯	90元
⑦工廠管理新手法	琪　輝著	120元
⑧奇蹟推銷術	蘇燕謀譯	100元
⑨經營參謀	柯順隆譯	120元
⑩美國實業24小時	柯順隆譯	80元
⑪撼動人心的推銷法	原一平著	120元
⑫高竿經營法	蔡弘文編	120元
⑬如何掌握顧客	柯順隆譯	150元
⑭一等一賺錢策略	蔡弘文編	120元
⑯成功經營妙方	鐘文訓著	120元
⑰一流的管理	蔡弘文編	150元
⑱外國人看中韓經濟	劉華亭譯	150元
⑲企業不良幹部群相	琪輝編著	120元
⑳突破商場人際學	林振輝編著	90元
㉑無中生有術	琪輝編著	140元
㉒如何使女人打開錢包	林振輝編著	100元
㉓操縱上司術	邑井操著	90元
㉔小公司經營策略	王嘉誠著	100元
㉕成功的會議技巧	鐘文訓編譯	100元
㉖新時代老闆學	黃柏松編著	100元
㉗如何創造商場智囊團	林振輝編譯	150元
㉘十分鐘推銷術	林振輝編譯	120元
㉙五分鐘育才	黃柏松編譯	100元
㉚成功商場戰術	陸明編譯	100元
㉛商場談話技巧	劉華亭編譯	120元
㉜企業帝王學	鐘文訓譯	90元
㉝自我經濟學	廖松濤編譯	100元
㉞一流的經營	陶田生編著	120元
㉟女性職員管理術	王昭國編譯	120元
㊱ＩＢＭ的人事管理	鐘文訓編譯	150元
㊲現代電腦常識	王昭國編譯	150元
㊳電腦管理的危機	鐘文訓編譯	120元
㊴如何發揮廣告效果	王昭國編譯	150元
㊵最新管理技巧	王昭國編譯	150元
㊶一流推銷術	廖松濤編譯	120元
㊷包裝與促銷技巧	王昭國編譯	130元
㊸企業王國指揮塔	松下幸之助著	120元
㊹企業精銳兵團	松下幸之助著	120元

㊺企業人事管理	松下幸之助著	100元
㊻華僑經商致富術	廖松濤編譯	130元
㊼豐田式銷售技巧	廖松濤編譯	120元
㊽如何掌握銷售技巧	王昭國編著	130元
㊿洞燭機先的經營	鐘文訓編譯	150元
52新世紀的服務業	鐘文訓編譯	100元
53成功的領導者	廖松濤編譯	120元
54女推銷員成功術	李玉瓊編譯	130元
55ＩＢＭ人才培育術	鐘文訓編譯	100元
56企業人自我突破法	黃琪輝編著	150元
58財富開發術	蔡弘文編著	130元
59成功的店舖設計	鐘文訓編著	150元
61企管回春法	蔡弘文編著	130元
62小企業經營指南	鐘文訓編譯	100元
63商場致勝名言	鐘文訓編譯	150元
64迎接商業新時代	廖松濤編譯	100元
66新手股票投資入門	何朝乾　編	180元
67上揚股與下跌股	何朝乾編譯	150元
68股票速成學	何朝乾編譯	180元
69理財與股票投資策略	黃俊豪編著	180元
70黃金投資策略	黃俊豪編著	180元
71厚黑管理學	廖松濤編譯	180元
72股市致勝格言	呂梅莎編譯	180元
73透視西武集團	林谷燁編譯	150元
76巡迴行銷術	陳蒼杰譯	150元
77推銷的魔術	王嘉誠譯	120元
7860秒指導部屬	周蓮芬編譯	150元
79精銳女推銷員特訓	李玉瓊編譯	130元
80企劃、提案、報告圖表的技巧	鄭　汶　譯	180元
81海外不動產投資	許達守編譯	150元
82八百件的世界策略	李玉瓊譯	150元
83服務業品質管理	吳宜芬譯	180元
84零庫存銷售	黃東謙編譯	150元
85三分鐘推銷管理	劉名揚編譯	150元
86推銷大王奮鬥史	原一平著	150元
87豐田汽車的生產管理	林谷燁編譯	150元

•成功寶庫• 電腦編號02

①上班族交際術	江森滋著	100元
②拍馬屁訣竅	廖玉山編譯	110元

④聽話的藝術	歐陽輝編譯	110元
⑨求職轉業成功術	陳　義編著	110元
⑩上班族禮儀	廖玉山編著	120元
⑪接近心理學	李玉瓊編著	100元
⑫創造自信的新人生	廖松濤編著	120元
⑭上班族如何出人頭地	廖松濤編著	100元
⑮神奇瞬間瞑想法	廖松濤編譯	100元
⑯人生成功之鑰	楊意苓編著	150元
⑱潛在心理術	多湖輝　著	100元
⑲給企業人的諍言	鐘文訓編著	120元
⑳企業家自律訓練法	陳　義編譯	100元
㉑上班族妖怪學	廖松濤編著	100元
㉒猶太人縱橫世界的奇蹟	孟佑政編著	110元
㉓訪問推銷術	黃静香編著	130元
㉕你是上班族中強者	嚴思圖編著	100元
㉖向失敗挑戰	黃静香編著	100元
㉙機智應對術	李玉瓊編著	130元
㉚成功頓悟100則	蕭京凌編譯	130元
㉛掌握好運100則	蕭京凌編譯	110元
㉜知性幽默	李玉瓊編譯	130元
㉝熟記對方絕招	黃静香編譯	100元
㉞男性成功秘訣	陳蒼杰編譯	130元
㊱業務員成功秘方	李玉瓊編著	120元
㊲察言觀色的技巧	劉華亭編著	130元
㊳一流領導力	施義彥編譯	120元
㊴一流說服力	李玉瓊編著	130元
㊵30秒鐘推銷術	廖松濤編譯	120元
㊶猶太成功商法	周蓮芬編譯	120元
㊷尖端時代行銷策略	陳蒼杰編著	100元
㊸顧客管理學	廖松濤編著	100元
㊹如何使對方說Yes	程　羲編著	150元
㊺如何提高工作效率	劉華亭編著	150元
㊼上班族口才學	楊鴻儒譯	120元
㊽上班族新鮮人須知	程　羲編著	120元
㊾如何左右逢源	程　羲編著	130元
㊿語言的心理戰	多湖輝著	130元
(51)扣人心弦演說術	劉名揚編著	120元
(53)如何增進記憶力、集中力	廖松濤譯	130元
(55)性惡企業管理學	陳蒼杰譯	130元
(56)自我啟發200招	楊鴻儒編著	150元
(57)做個傑出女職員	劉名揚編著	130元

㊽靈活的集團營運術	楊鴻儒編著	120元
⑥⓪個案研究活用法	楊鴻儒編著	130元
⑥①企業教育訓練遊戲	楊鴻儒編著	120元
⑥②管理者的智慧	程　義編譯	130元
⑥③做個佼佼管理者	馬筱莉編譯	130元
⑥④智慧型說話技巧	沈永嘉編譯	130元
⑥⑥活用佛學於經營	松濤弘道著	150元
⑥⑦活用禪學於企業	柯素娥編譯	130元
⑥⑧詭辯的智慧	沈永嘉編譯	130元
⑥⑨幽默詭辯術	廖玉山編譯	130元
⑦⓪拿破崙智慧箴言	柯素娥編譯	130元
⑦①自我培育・超越	蕭京凌編譯	150元
⑦②深層心理術	多湖輝著	130元
⑦③深層語言術	多湖輝著	130元
⑦④時間即一切	沈永嘉編譯	130元
⑦⑤自我脫胎換骨	柯素娥譯	150元
⑦⑥贏在起跑點—人才培育鐵則	楊鴻儒編譯	150元
⑦⑦做一枚活棋	李玉瓊編譯	130元
⑦⑧面試成功戰略	柯素娥編譯	130元
⑦⑨自我介紹與社交禮儀	柯素娥編譯	130元
⑧⓪說NO的技巧	廖玉山編譯	130元
⑧①瞬間攻破心防法	廖玉山編譯	120元
⑧②改變一生的名言	李玉瓊編譯	130元
⑧③性格性向創前程	楊鴻儒編譯	130元
⑧④訪問行銷新竅門	廖玉山編譯	150元
⑧⑤無所不達的推銷話術	李玉瓊編譯	150元

・處 世 智 慧・ 電腦編號03

①如何改變你自己	陸明編譯	120元
②人性心理陷阱	多湖輝著	90元
④幽默說話術	林振輝編譯	120元
⑤讀書36計	黃柏松編譯	120元
⑥靈感成功術	譚繼山編譯	80元
⑧扭轉一生的五分鐘	黃柏松編譯	100元
⑨知人、知面、知其心	林振輝譯	110元
⑩現代人的詭計	林振輝譯	100元
⑫如何利用你的時間	蘇遠謀譯	80元
⑬口才必勝術	黃柏松編譯	120元
⑭女性的智慧	譚繼山編譯	90元
⑮如何突破孤獨	張文志編譯	80元

⑯人生的體驗	陸明編譯	80元
⑰微笑社交術	張芳明譯	90元
⑱幽默吹牛術	金子登著	90元
⑲攻心說服術	多湖輝著	100元
⑳當機立斷	陸明編譯	70元
㉑勝利者的戰略	宋恩臨編譯	80元
㉒如何交朋友	安紀芳編著	70元
㉓鬥智奇謀（諸葛孔明兵法）	陳炳崑著	70元
㉔慧心良言	亦　奇著	80元
㉕名家慧語	蔡逸鴻主編	90元
㉗稱霸者啟示金言	黃柏松編譯	90元
㉘如何發揮你的潛能	陸明編譯	90元
㉙女人身態語言學	李常傳譯	130元
㉚摸透女人心	張文志譯	90元
㉛現代戀愛秘訣	王家成譯	70元
㉜給女人的悄悄話	妮倩編譯	90元
㉞如何開拓快樂人生	陸明編譯	90元
㉟驚人時間活用法	鐘文訓譯	80元
㊱成功的捷徑	鐘文訓譯	70元
㊲幽默逗笑術	林振輝著	120元
㊳活用血型讀書法	陳炳崑譯	80元
㊴心　燈	葉于模著	100元
㊵當心受騙	林顯茂譯	90元
㊶心・體・命運	蘇燕謀譯	70元
㊷如何使頭腦更敏銳	陸明編譯	70元
㊸宮本武藏五輪書金言錄	宮本武藏著	100元
㊹厚黑說服術	多湖輝著	90元
㊺勇者的智慧	黃柏松編譯	80元
㊼成熟的愛	林振輝譯	120元
㊽現代女性駕馭術	蔡德華著	90元
㊾禁忌遊戲	酒井潔著	90元
㊾摸透男人心	劉華亭編譯	80元
㊿如何達成願望	謝世輝著	90元
54創造奇蹟的「想念法」	謝世輝著	90元
55創造成功奇蹟	謝世輝著	90元
56男女幽默趣典	劉華亭譯	90元
57幻想與成功	廖松濤譯	80元
58反派角色的啟示	廖松濤編譯	70元
59現代女性須知	劉華亭編著	75元
61機智說話術	劉華亭編譯	100元
62如何突破內向	姜倩怡編譯	110元

㉔讀心術入門	王家成編譯	100元
㉕如何解除內心壓力	林美羽編著	110元
㉖取信於人的技巧	多湖輝著	110元
㉗如何培養堅強的自我	林美羽編著	90元
㉘自我能力的開拓	卓一凡編著	110元
⑩縱橫交涉術	嚴思圖編著	90元
⑪如何培養妳的魅力	劉文珊編著	90元
⑫魅力的力量	姜倩怡編著	90元
⑬金錢心理學	多湖輝著	100元
⑭語言的圈套	多湖輝著	110元
⑮個性膽怯者的成功術	廖松濤編譯	100元
⑯人性的光輝	文可式編著	90元
⑱驚人的速讀術	鐘文訓編譯	90元
⑲培養靈敏頭腦秘訣	廖玉山編著	90元
⑳夜晚心理術	鄭秀美編譯	80元
㉑如何做個成熟的女性	李玉瓊編著	80元
㉒現代女性成功術	劉文珊編著	90元
㉓成功說話技巧	梁惠珠編譯	100元
㉔人生的真諦	鐘文訓編譯	100元
㉕妳是人見人愛的女孩	廖松濤編著	120元
㉗指尖・頭腦體操	蕭京凌編譯	90元
㉘電話應對禮儀	蕭京凌編著	90元
㉙自我表現的威力	廖松濤編譯	100元
㉚名人名語啟示錄	喬家楓編著	100元
㉛男與女的哲思	程鐘梅編譯	110元
㉜靈思慧語	牧　風著	110元
㉝心靈夜語	牧　風著	100元
㉞激盪腦力訓練	廖松濤編譯	100元
㉟三分鐘頭腦活性法	廖玉山編譯	110元
㊱星期一的智慧	廖玉山編譯	100元
㊲溝通說服術	賴文琇編譯	100元
㊳超速讀超記憶法	廖松濤編譯	120元

・健康與美容・電腦編號04

①B型肝炎預防與治療	曾慧琪譯	130元
③媚酒傳（中國王朝秘酒）	陸明主編	120元
④藥酒與健康果菜汁	成玉主編	150元
⑤中國回春健康術	蔡一藩著	100元
⑥奇蹟的斷食療法	蘇燕謀譯	110元
⑧健美食物法	陳炳崑譯	120元

國家圖書館出版品預行編目資料

應考的訣竅／多湖輝著；陳秀甘譯 --初版
--臺北市：大展，民83
面；　公分 --（校園系列；2）
譯自：合格するヤッだけが知っている
受験のコッ
ISBN 957-557-461-3（平裝）

1. 學習心理學

521.19　　83006705

原書書名：合格するヤッだけが知っている受験のコッ
原出版社：株式会社ごま書房（Japan）
©Akira Tago 1993
原著作者：多湖　輝
版權代理：宏儒企業有限公司

ISBN 957-557-461-3

應考的訣竅

原 著 者／多　湖　輝
編 譯 者／陳　秀　甘
發 行 人／蔡　森　明
出 版 者／大展出版社有限公司
社　　址／台北市北投區（石牌）
致遠一路二段12巷1號
電　　話／(02) 8236031・8236033
傳　　眞／(02) 8272069
郵政劃撥／0166955－1
登 記 證／局版臺業字第2171號

承 印 者／國順圖書印刷公司
裝　　訂／嶸興裝訂有限公司
排 版 者／千賓電腦打字有限公司
電　　話／（02）8812643

初　　版／1994年（民83年）9月
2　　刷／1996年（民85年）9月

定　　價／150元

大展好書 好書大展

大展好書 好書大展